Klaus Vollmer

# Nichts kann uns scheiden von der Liebe Gottes

Glaubenskurs Römerbrief
Eine Einführung

R. Brockhaus Verlag Wuppertal

R. Brockhaus Taschenbuch Bd. 377

3. Auflage 1988

© 1985 R. Brockhaus Verlag Wuppertal
Umschlaggestaltung: Atelier Scheller, Binningen
Gesamtherstellung: Breklumer Druckerei Manfred Siegel KG
ISBN 3-417-20377-5

Meiner Frau Kristin in Dankbarkeit

# INHALT

# Lieber Leser!

Vor einiger Zeit wurde ich in den Jugendkreis einer Gemeinde eingeladen. Es stellte sich heraus, daß die rund vierzig Jugendlichen im Alter zwischen sechzehn und fünfundzwanzig Jahren ausgesprochen aufgeschlossen waren, als es um geistliche und geistige Fragen ging. Das Problem war nur, daß sie einfach nichts wußten. Sie diskutierten viel, aber sie hatten keine Ahnung vom Neuen Testament, vom Glaubensbekenntnis oder von kirchengeschichtlichen Zusammenhängen. Nun wollten sie schlicht und einfach dieses Wissen bekommen. Sie stellten Fragen über Fragen: Warum der Glaube überhaupt wichtig sei, warum Jesus als Gottes Sohn beschrieben würde, warum die Liturgie sein müsse und woher die Kirche denn wüßte, ob das, was sie sagte, auch wahr sei usw.

Dann sagten einige, daß sie gerne die Bibel lesen würden, aber sie verstünden einfach nicht, um was es da ginge. Und sie fragten, ob ich ihnen nicht mit einer Einführung helfen könne.

So begannen wir eine Einführung in verschiedene biblische Bücher: Wir hingen zunächst eine große Weltkarte auf, machten uns klar, welche Ereignisse wann und wo passiert waren, welche geschichtlichen Zusammenhänge zu beachten waren und warum die Verfasser der Bibel in der jeweiligen Situation ihre Botschaft so und nicht anders gesagt hatten.

In diesem Zusammenhang bedachten wir die zeitlosen Wahrheiten, die uns bis zur Stunde entscheidend angehen.

Das Interesse wuchs von Abend zu Abend, die unkirchlichsten Leute kamen. Es wurde immer deutlicher: Die jungen Menschen – und auch die älteren, die nun hinzukamen –, waren gar nicht abwehrend gegenüber geistlichen Dingen, sie waren nur unwissend. Mit dem Entdecken der geschichtlichen und geistigen Zusammenhänge machten sie eine wunderbare Erfahrung: Das Vertrauen zur Botschaft der Bibel wuchs. Die Wiederentdeckung unseres Glaubens zeigte ihnen einen weiten Horizont. Die Freude an gelebter Kirche und eine neu erwachte Liebe zu Jesus Christus wurden in diesem Miteinander gemeinsam erfahren.

Der junge Pfarrer und die älteren Mitglieder der Gemeinde sagten in einer Mitarbeiterbesprechung später: »Wir haben eine völlig neue Art von Gemeindeleben entdeckt. Wir haben begriffen, daß christliches Leben unauflöslich mit der Kenntnis der Bibel, ihren geistesgeschichtlichen Zusammenhängen und mit den zeitlosen Wahrheiten zusammenhängt, die hier verborgen sind!« Alle gewannen eine richtige Freude an diesem Wagnis. Ich sage darum Wagnis, weil eine Einführung in die großen Gedankenzusammenhänge eines biblischen Buches viele Aussagen zunächst einmal ausblenden muß, um einige der Haupterkenntnisse zu gewinnen. Und gewiß wird mancher die Betonung auf andere Aussagen legen. Das Wagnis besteht in der Beschränkung auf wenige und wichtige Aussagen, aber darin liegt auch die Chance, um Menschen für das Buch der Bücher zu gewinnen.

So habe ich dann in vielen Gemeinden, auf Studien- und Studententagungen, bei Bibelseminaren und in Vortragswochen diese Art von Einführung gewagt. Stets horchten die Zuhörer auf und waren überrascht über die Aktualität der biblischen Botschaft. Ein junger Mediziner sagte einmal: »Endlich bin ich an die Bibel herangekommen und fange an zu begreifen, welche Tiefen sich hier verbergen.«

Eines Tages ging es um den Römerbrief. Hier war das Interesse besonders groß. Wir erlebten, wie einige Lehrer fast mit der ganzen Oberstufe eines Gymnasiums zu den Römerbrieftagen kamen, um mitzulesen und mitzuhören. Ein Schüler gestand am Schluß: »Wir alle sind hin und weg über diesen Römerbrief. Wir haben echt nicht gewußt, was christlicher Glaube wirklich ist!«

Dieses Buch entstand aus einer Römerbriefauslegung für Mitarbeiter in den Gemeinden (in den Studium Credo Briefen der Gruppe 135), und ich möchte dem R. Brockhaus Verlag Wuppertal danken, daß er diese Ausgabe ermöglicht hat. Ich habe bewußt keinen wissenschaftlich-exegetischen Kommentar geschrieben, sondern eine Einführung in diesen Brief für alle Interessierten, seien sie nun Teilnehmer eines Jugendkreises oder Mitarbeiter in einer Gemeinde.

Zur rechten Handhabe gestatten Sie mir, lieber Leser, diese Ratschläge:

1. Sie haben es hier mit einer Einführung und nicht mit einer Vers-für-Vers-Auslegung zu tun. Nur an einigen Stellen, bei denen mir eine genauere Betrachtung nötig schien, bin ich Vers für Vers vorgegangen. So habe ich jene Gedanken in den Vordergrund gerückt, von denen ich meine, daß es die großen Linien des Briefes sind. Wer aber auf neue Zusammenhänge stößt, soll diesen natürlich auch nachgehen.

2. Lesen Sie bitte zunächst immer die angegebenen Schriftabschnitte durch, sonst sind die Betrachtungen nicht zu verstehen. Alle Bibelzitate, die ich hier anführe, stammen aus der Lutherbibel (1984). Es wird hilfreich sein, andere Übersetzungen ebenfalls zu lesen.

3. Die Schlußfolgerungen für das Leben, die Sie am Schluß der einzelnen Kapitel vorfinden, wollen als Herausforderung und Anregung zu weiterem Nachdenken, nicht aber als verpflichtendes Gesetz verstanden werden.

4. Dieses Buch wendet sich an einzelne Leser und an Haus- und Bibelkreise, Schüler- und Studentengruppen, Gemeinde- und Arbeitskreise, die tiefer in die Heilige Schrift eingeführt werden möchten. Von diesem gedachten Adressaten her sind manche Überlegungen und Ratschläge zur Weiterarbeit zu verstehen: Immer wieder sind wir in die Verantwortung für die ganze Kirche gerufen, und der Dienst, der durch uns geschieht, geschieht immer auch für die ganze Gemeinde und die Weltmission. Dies wollen wir nicht einen Augenblick vergessen.

5. Die geistigen und geistlichen Hintergründe dieser Einführungen sind entscheidend bestimmt von der Römerbriefvorlesung meines theologischen Lehrers Pastor Dr. Olaf Hanssen, Ratzeburg. Durch ihn wurde ich auch an die Römerbriefauslegung von dem schwedischen Theologen Anders Nygren herangeführt. Ebenso haben mich die

Auslegungen von Karl Barth, Hermann Bezzel und Paulus Althaus mitbestimmt.

Nun gebe ich diese Einführung in Ihre Hände und erbitte Ihnen beim Lesen und Erarbeiten dieses großen Briefes des Apostel den guten Segen unseres Herrn Jesus Christus.

Dem Herrn befohlen
Ihr Klaus Vollmer

Hermannsburg 1985

# I. Bedeutung und Berechtigung des Römerbriefes

*»Paulus, ein Knecht Jesu Christi, berufen zum Apostel, ausgesondert, zu predigen das Evangelium Gottes«* (1,1).

So beginnt der gewaltigste und machtvollste Brief, den die Christenheit je hervorgebracht und die Menschheit je erhalten hat. Geschrieben wurde er von Paulus von Tarsus, einem jüdischen Theologen, der nach einer völlig unerwarteten Umkehr Apostel Jesu von Nazareth geworden war.

Damit stehen wir vor der ersten Frage: Wo liegt der Grund, daß dieser Brief nicht nur Jahrtausende überdauerte, sondern daß er immer wieder Menschen erreichte, Kirchen bis in die Grundmauern ihrer theologischen Systeme erschütterte und erneuerte und jene kraftvollen Auswirkungen haben konnte, die er bis heute hat?

Die Antwort ist ganz einfach, wie alles Gültige einfach ist; aber sie ist auch unauslotbar geheimnisvoll, wie alles, was von Gott kommt, geheimnisvoll ist:

Paulus ist dem gekreuzigten und auferstandenen Jesus von Nazareth begegnet. An ihm ist er zerbrochen und von ihm ist er wieder aufgerichtet worden (Apg. 9). Nun sah er das Geheimnis seiner unvergleichlichen Botschaft und schrieb es auf kleinstem Raum, in den sechzehn Kapiteln des Römerbriefes, auf. Die tiefste Wahrheit der Erlösung liegt nun vor uns, und sie ist für alle da. Wer wagt es, hier zu suchen und nach dem verborgenen Schatz zu graben? Wer hier finden will, der nehme sich Zeit. Der schließe sich ab von den vielen Dingen, die man meint tun zu müssen, und die man um des Reiches Gottes willen einmal nicht tun sollte.

Es geht nicht um schnelle Bekehrungen, nicht um die Hektik des Machbaren; es geht darum, daß wir der Wahrheit Gottes begegnen!

Es gibt eine Jesus-Begeisterung, die Menschen erfaßt, ohne den Ernst der Christusoffenbarung. Dabei haben wir es mit einem religiösen Rausch zu tun, der verfliegt, bevor der Abend kommt. Es wäre ja weiter nicht der Rede wert, aber das Unheimliche ist, daß viele junge Menschen diese in nichts gefestigte Religiosität für Christentum halten und dann, wenn sie bitter enttäuscht und gefühlsmäßig ausgebrannt weggehen, schwer jemals wieder für das Evangelium gewonnen werden können.

Ein junger Mann sagte mir einmal: »Ja, ich bin auch einmal Christ gewesen. Und man hat mir den Himmel auf Erden vorgebetet. Aber als der Rausch verflogen war, da war alles vorbei!« Diese Worte habe ich von vielen Menschen gehört. Ich wiederhole: Jesus-Begeisterung ohne die Schwere der Christusoffenbarung endet im Rausch. Genau hier wollen wir, durch den Römerbrief gehalten, Verantwortung übernehmen.

Es gibt eine christliche Solidarität mit allen möglichen Schwachen, bei der ich nicht die gute Absicht in Frage stelle, aber doch den Eindruck gewinne, als ob sich Menschen aller Länder zusammengetan hätten und meinten, mit ein bißchen Mitleid wäre dem Leid und der unendlichen Not in dieser Welt beizukommen. Es wird Zeit, daß wir bei den Nöten dieser Welt und bei den Problemen der Menschen wieder von Sünde und Gottes Zorn sprechen. Die Sünde des Menschen wird nicht durch ein bißchen Mitleid weggewischt; die abgrundtiefe Not der Völker wird nicht allein durch Entwicklungshilfe beendet. Über dieser Welt liegt der Zorn Gottes. Meinen wir denn ernsthaft, diese leidenschaftliche Abwehrhaltung gegenüber dem Heiligen Gott mit Dollars aufheben zu können? Was für eine Überschätzung des Menschen und welche Überschätzung der Heiligkeit Gottes!

Ein neues Fragen geht um die Welt. Die Menschheit nimmt langsam mit Entsetzen ihre Grenzen und Abgründe wahr. Die Chance besteht nicht darin, daß man den Lauf der Welt aufhalten kann. Das glaube ich nicht, dazu ist das Unheil zu unheimlich und zu groß. Aber vielleicht liegt die Chance darin, daß wieder nach der Wahrheit Gottes gefragt wird und man nicht zehn Prozent Energieersparnis schon für das abgewendete Gericht Gottes hält.

# 1. Paulus, ein Knecht Jesu Christi

Paulus schreibt diesen Brief an die Gemeinde bzw. die Gemeindegruppen, die es zu der Zeit bereits in Rom gab.

An seiner Wiege hat ihm keiner gesungen, daß er einmal die große Tradition seines jüdischen Volkes und Glaubens verlassen würde, um den Namen Jesu in die Geschichte der Menschheit einzubringen.

Er wurde in Tarsus in Zilizien geboren (Apg. 21,39). Dieser Ort liegt im östlichen Teil der heutigen Türkei und war zu der Zeit stark von griechischem Denken beeinflußt. Paulus hieß damals Saulus und war Sohn jüdischer Eltern aus dem Stamm Benjamin. Wir können davon ausgehen, daß er streng in der jüdischen Tradition erzogen und geprägt wurde. Er studierte in Jerusalem und war ein Schüler des Gamaliel, eines der berühmtesten Rabbinen seiner Zeit (Apg. 22,3), der auch in der Apostelgeschichte hervorgehoben wird (Apg. 5,17–42).

Paulus wurde ein jüdischer Theologe, Rabbiner. Üblicherweise waren die Rabbiner verheiratet. Wir wissen jedoch nicht, ob Paulus geheiratet hatte. Es kann sein, daß er Witwer war. Das läßt sich nicht genau belegen. Auf jeden Fall wissen wir, daß er das Handwerk eines Zeltmachers (Apg. 18,3) gelernt hatte und so seinen Lebensunterhalt verdienen konnte. Durch seinen Vater hatte er – das war für einen Juden ungewöhnlich – das römische Bürgerrecht.

Als junger Mann erlebte Paulus die Steinigung des Stephanus, des ersten christlichen Märtyrers (Apg. 6,8–15 und 7,1–56). Paulus stand dabei und paßte auf die Kleider der Leute auf, die Stephanus töteten (Apg. 7,57–59). Danach zog er aus, um die Christen zu verfolgen (Apg. 8,1–3). Dabei wähnte er sich in Übereinstimmung mit dem Gesetz Moses und mit den Propheten.

Dann kam die Wende seines Lebens: Auf dem Weg nach Damaskus begegnete ihm der auferstandene Herr Jesus Christus. Dies ist *das* Datum des Paulus, aber es ist auch ein entscheidendes Datum der Christenheit, ja der ganzen Menschheit, denn der auferstandene Herr bediente sich für den weiteren Bau seiner Kirche dieses hervorragenden Theologen.

Paulus wurde der erste Völkermissionar und eine der geistigen Führungspersönlichkeiten der ersten Christenheit. Die geistigen Auseinandersetzungen der jungen und der späteren Kirche sind nie an Paulus vorbei geführt worden.

Seine Bekehrung vor Damaskus kann ungefähr ein Jahr nach der Auferstehung Jesu passiert sein. Anschließend war Paulus etwa drei Jahre in Arabien (Gal. 1,11–18), wo er im Gebet und in stillen Studien dem Geheimnis Jesu nachgegangen ist. Dort reiften die Erkenntnisse, die wir nun in seinen Briefen vor uns haben.

Es folgten Besuche in Jerusalem, Antiochien und Syrien (Gal. 1,18–21). Er bricht zur ersten Missionsreise auf (Apg. 13–14). Danach kommt es zu den heftigen Auseinandersetzungen zwischen den verschiedenen theologischen Richtungen (Apg. 15) um die Erlösung und die Einheit der jungen Kirche Jesu Christi. Die zweite Missionsreise führt ihn nach Europa – Philippi, Thessalonich – das heutige Saloniki –, Beröa, Athen, Korinth (Apg. 16,9–18,22). Über Ephesus kehrt er nach Jerusalem zurück. Dann sehen wir Paulus auf seiner dritten Missionsreise (Apg. 18,23–21,17). In Ephesus bleibt er zweieinhalb Jahre. Diese Stadt war für die ganze Osthälfte des Imperiums wichtig. Von hier hatte man die Verbindungen nach Kleinasien. Paulus schrieb dort entscheidende Briefe: an die Galater, an die Philipper und an Philemon.

Im Winter 55/56 ist er wahrscheinlich zum letztenmal in Griechenland. Er verbringt den Winter in Korinth und schreibt den Brief an die Römer. Mit seinem Aufenthalt in Korinth schließt er die Mission in der Osthälfte des Römischen Reiches ab und wendet sich mit seinen Plänen dem Westen des Imperiums zu (Röm. 15,22–24).

Paulus kannte die Gemeinde in Rom persönlich nicht, aber er wußte, daß dort Judenchristen und Heidenchristen zusammentrafen, und erkannte, welche tiefen Probleme aufbrechen mußten. Und gewiß wird er durch manche persönlichen Verbindungen (man beachte nur den großen Bekanntenkreis, den Paulus in Römer 16 grüßen läßt!) auch entsprechende Informationen über die Situation der Gemeinde erhalten haben.

Paulus hatte nun zwei Aufgaben zu lösen: Die erste bestand darin, daß er seine Mission im Westen des Römischen Imperiums weiterführen konnte, denn er wußte sich als »Schuldner der Griechen und der Nichtgriechen« (Röm. 1,14). Er mußte also in das Zentrum der damaligen Welt, »ich muß auch nach Rom ...« (Apg. 19,21).

Die zweite Aufgabe bestand darin, daß er die Gemeinden, die er bis jetzt in der östlichen Hälfte gegründet hatte, geistlich und geistig zusammenhalten mußte. Und das hieß nicht mehr und nicht weniger, als daß er die Wahrheit Jesu sowohl für die Judenchristen (die vom Gesetz des Mose herkamen) als auch für die Heidenchristen (die aus dem Einflußbereich des griechischen und römischen Denkens und Lebens kamen) von einer Grundeinsicht her so verkündigte, daß beide zusammenbleiben konnten.

Könnte Paulus diese Aufgabe nicht lösen, dann wäre er nicht nur persönlich gescheitert, sondern der universale Anspruch des Evangeliums wäre auf der Strecke geblieben, und das ganze Christentum wäre vielleicht eine jüdische Sekte geblieben. Paulus hat diese Aufgabe erkannt und sie unter der Leitung des Geistes Gottes im Römerbrief gelöst. Darin liegt die gewaltige Größe und Bedeutung dieses Briefes.

Im Sommer 56 wurde Paulus verhaftet (Apg. 21,27–24,27). Dann kam er nach Rom, aber er kam als Gefangener. Unter Nero wird er als Märtyrer getötet. Mit der Hingabe seines Lebens unterschreibt er, was er geglaubt und gelehrt hat. Er blieb bis zur letzten Stunde »ein Knecht Jesu Christi«.

*Schlußfolgerungen:*
Paulus glaubte an den Anspruch und Zuspruch des Evangeliums *an alle Menschen*. Dieser Glaube bewegte ihn zu dem gewaltigen Brief an die Römer.

Wenn wir uns mit dem Römerbrief beschäftigen, dann stellt sich auch unmißverständlich die Frage: Besteht der universale Anspruch zu Recht, oder haben die Christen überzogen?

Wer im Römerbrief dem Evangelium begegnet, der kommt in eine Krise, aber er findet auch den Trost seines Lebens. Dieser Trost gilt *allen Menschen.* Deshalb werden sich die Christen immer wieder um die Umsetzung des Evangeliums in die Geschichte und Kultur eines Volkes bemühen – auch ihres eigenen Volkes.

Sollte es einen Raum des Geistes und der Kultur geben, vor dem das Evangelium machtlos kapitulieren würde und keine gültigen Antworten auf die Fragen der Zeit wüßte, dann hätte seine Salzkraft aufgehört, es wäre »zu nichts mehr nütze, als daß man es wegschüttet und läßt es von den Leuten zertreten« (Mt. 5,13).

Sollte aber ein Christ den universalen An- und Zuspruch des Evangeliums nicht mehr glauben, dann muß er sich fragen lassen, ob er noch weiß, was Evangelium ist. Wo Christen dieses Heil Jesu glauben, da glauben sie es für die ganze Welt und werden versuchen, die Antwort des Evangeliums für die Zeit und die Menschen zu finden.

Aber jede Antwort der Kirche muß sich vom Evangelium, wie Paulus es aufgeschrieben hat, fragen lassen, ob sie hier bestehen kann: Wer gegenüber dem Römerbrief nicht bestehen kann, hat das *Evangelium* gegen sich und wird keine Vollmacht haben.

Von hier werden sich Theologien der rechten und der linken Gruppierungen fragen lassen. Hier muß sich die Bekenntnisbewegung genauso verantworten wie die Befreiungstheologie, die Evangelisation ebenso wie die christliche Entwicklungshilfe, die Missionare und die theologischen Fakultäten.

## 2. Rom und seine Christen

Blicken wir nun hinein in das Zentrum der damaligen Welt, nach Rom.

Dort ist der Sitz des Kaisers und des Senats. Die Stadt ist der Mittelpunkt eines gewaltigen Imperiums. Von Rom gingen die Befehle und Armeen in alle Länder. Hier sammelten sich alle möglichen und unmöglichen Kräfte der

Macht, der Religion, der Kultur und der Künste. Rom war in jeder Hinsicht ein Schmelztiegel des Imperiums, und was immer im Weltreich vorkam, das kam auch in Rom vor. Die Stadt quoll über von Menschen aus allen Ländern und Rassen und befand sich unentwegt in einem Bau-Boom. Auf den sieben Hügeln wurden die herrlichsten Villen gebaut, auf dem Forum Romanum standen die prächtigsten Tempel, am Tiber wurde der Morast entwässert und unterhalb des heutigen Vatikans wurde die große Arena, das Kolosseum gebaut. Rom schuf sich gerade die galantesten Bäder und bot in den Gladiatorenkämpfen dem Volk das große Spiel. Es war Hauptanziehungspunkt für das ganze Reich.

Schon sehr früh gab es in Rom Christen. Es waren kleinere Gruppen und Familiengemeinden jüdischer und heidnischer Abstammung. Wer das 16. Kapitel liest, der kann erstaunt feststellen, wieviele Gemeindeglieder Paulus bereits kannte und was er mit ihnen schon erlebt haben mußte.

Auch eine große jüdische Gemeinde gab es in Rom, mit rund vierzigtausend Mitgliedern. Als die ersten Christen in Rom tätig wurden, kam es zu dramatischen Auseinandersetzungen zwischen Juden und Christen. Die Unruhen ergriffen die ganze Stadt, so daß der Kaiser Claudius im Jahre 49 n. Chr. die Vertreibung der Juden aus Rom befahl und durchsetzte. Die Heidenchristen blieben in der Stadt. Später kamen viele Juden und Judenchristen wieder zurück.

Nun kann sich jeder ausmalen, was sich zwischen und in den verschiedenen Gruppen der Gemeinde abgespielt haben muß: Auf der einen Seite, dem heidenchristlichen Flügel, werden wohl christliche Überzeugungen gepaart mit antijüdischer Haltung und römischem Stolz die Diskussion bestimmt haben; auf der anderen Seite war die judenchristliche Gruppe gewiß damit beschäftigt, die Verbindung von Gesetz und Messias ins Spiel zu bringen, während unterschwellig sicher auch noch einige alte römisch-jüdische Rechnungen beglichen wurden.

Haben wir diese Auseinandersetzung vor Augen, dann werden uns ganze Passagen des Römerbriefes besser verständlich, zum Beispiel das Thema Israel (Kap. 9–11),

Obrigkeit (Kap. 13) oder die Frage nach dem Götzenopferfleisch (Kap. 14).

Dazu kommt, daß eine Menge Fragen von außen an die Gemeinde herangetragen wurde, und daß die Christen erklären mußten, was sie wollten und woran sie glaubten.

Die Gemeinde in Rom war also in einem dynamischen Selbstfindungsprozeß. Wir vergessen keinen Augenblick, daß die junge Christenheit diese Zeit ohne festes Credo, ohne Kirchenleitung und irgendeine Art von christlicher Tradition bewältigen mußte. Alle Fragen des Glaubens und des Lebens hatte sie selbst zu erkennen, zu formulieren, zu lösen und in gelebtes Leben umzusetzen. Es muß ein bewegendes Abenteuer gewesen sein, das die Christen in Rom durchzustehen hatten. Und wir können annehmen, daß sie mit großem Ernst und Hingabe ihrem Herrn gefolgt sind.

Diesen Gemeindegruppen schreibt Paulus seinen Brief, in den er die ganzen Probleme und Spannungen hineinnimmt und grundsätzlch verarbeitet.

Paulus war sich natürlich darüber im klaren, daß diese Gemeinde in Rom nicht irgendeine Gemeinde war, und daß es von entscheidendem Einfluß für alle Gemeinden im Römischen Reich sein mußte, ob es in Rom zu einer Stabilisierung kommen würde oder nicht. Als Gemeinde in der Hauptstadt des Reiches hatten die Christen in Rom eine besondere Bedeutung. Auf Rom sah man mehr als auf einen Ort in Kleinasien.

Ich bin davon überzeugt, daß er seinen ganzen Eifer und seine apostolische Verantwortung mit letzter Hingabe eingesetzt hat, um in Rom eine lebensfähige Gemeinde zu bauen. So müssen wir bei dem ganzen Brief dies immer zusammensehen: Paulus will Gemeinde bauen. Gleichzeitig muß er theologische Klarheit schaffen. Er hat seelsorgerlich auf die Probleme einzugehen, und er trägt darüber hinaus eine Gesamtverantwortung für das weitere Bestehen des christlichen Glaubens. In Rom stand viel auf dem Spiel; dort wurde in der Tat viel für die ganze Christenheit entschieden. So kam es zum Römerbrief.

Wir wissen nicht, was dieser Brief im einzelnen bewirkt

hat. Aber wir wissen, daß sich das Leben der Gemeinde weiterhin gut entwickelte und daß viele neue Christen gewonnen wurden. Paulus fand bei seiner Ankunft in Rom eine lebendige Gemeinde vor (Apg. 28,14–16) und konnte regen Austausch mit ihr pflegen.

Die Gemeinde und der Bischof von Rom wurden sehr schnell für den Mittelmeerraum führend. Es kann sein, daß bei dieser Entwicklung der römischen Gemeinde immer auch die Auswirkungen des Römerbriefes mitgewirkt haben und daß dieser Brief so als Grundlage christlichen Glaubens und Lebens in Rom angesehen werden darf.

Es ist ja nicht von ungefähr – und das sage ich frei von aller konfessionalistischen Ängstlichkeit, ohne zu vergessen, woher ich als Lutheraner geprägt bin –, daß Rom bis heute für die ganze Christenheit eine besondere Stadt geblieben ist. Bis heute zieht mich diese Stadt an, wo Paulus und wahrscheinlich auch Petrus eine Zeit gelebt und für Jesus Christus gestorben sind. Wenn ich Rom besuche, gehe ich gerne zu der wunderbaren Kirche St. Paul vor den Mauern, denn dort ist Paulus, nach der Überlieferung, begraben. Hier halte ich Zwiesprache mit meinem Herrn und danke ihm, daß Er uns diesen Boten gesandt und uns durch seine Briefe zeitlos gültige Wahrheiten geschenkt hat.

## 3. Der Römerbrief und die Reformation

Der Römerbrief schien für Jahrhunderte vergessen, als ein deutscher Mönch und Theologieprofessor seine Wahrheit neu entdeckte: Es war Dr. Martin Luther. Vom 3. November 1515 bis zum 7. September 1516 hielt er seinen Studenten in Wittenberg eine Vorlesung über diesen Brief. Die Wirkungen, die von Luthers Wiederentdeckung des Römerbriefes ausgingen, waren enorm. Die gesamte Reformation ist ohne diesen Brief nicht zu verstehen. Luther war auf die Sprengkraft des Evangeliums gestoßen und hatte die Lebensader christlichen Glaubens entdeckt. Es kam zu dem bisher gewaltigsten religiösen Umbruch innerhalb der Christenheit. Die Neuzeit wurde davon zutiefst bestimmt.

Auch die Reformbestrebungen der katholischen Kirche und das Konzil von Trient (1545–1563) haben entscheidende Impulse aus der Wiederentdeckung des Römerbriefes empfangen. Bis in die Verfassungen der modernen Demokratien und in die Formulierungen der Menschenrechte haben sich die Heilswahrheiten christlichen Glaubens, wie sie im Römerbrief verkündigt werden, durchgesetzt: Das Bekenntnis zur Würde und zur Freiheit des Menschen ist zutiefst aus der Liebe geboren, die in der Hingabe Gottes an den Menschen offenbar wurde. So wirkt das Zeitalter der Reformation bis heute, und mit ihm der Römerbrief, auch wenn viele Zeitgenossen dies nicht wissen.

## 4. Der Römerbrief im 20. Jahrhundert

In unserem Jahrhundert waren es vor allem zwei Theologen, die mit ihren Römerbrief-Vorlesungen ganze Theologengenerationen geprägt haben: der reformierte Theologe Karl Barth aus der Schweiz und der lutherische Theologe Anders Nygren aus Schweden. Führende Theologen aller Konfessionen haben sich bis heute der Mühe um den Römerbrief unterzogen, denn sie wissen: An diesem Brief entscheidet sich, was wir unter christlichem Glauben verstehen wollen und was nicht!

Ich will gerne bekennen, daß ich durch die Begegnung mit dem Römerbrief tief geprägt wurde und mir meinen Glauben, mein Denken und Dienen ohne ihn nicht vorstellen kann. Ich habe erlebt, daß seine Aussagen Menschen aller Altersgruppen und Schichten zutiefst erschütterten, zum Umdenken und zu neuem Leben brachten.

Dabei wird es auch bleiben, glaube ich: Wenn die Kirche nach ihrer Erneuerung fragt, dann wird sie auch nach dem Römerbrief greifen müssen. Wer diesen Schatz ungehoben läßt, der muß innerlich und äußerlich verarmen. Auch in der Weltmission steht uns, wenn mein Urteil zutrifft, die Wiederentdeckung des Römerbriefes noch bevor. Dies habe ich durch meine Besuche im Ausland und in der Mission erkennen können: Wo Pastoren und Lehrer sich nicht scheuten, den Römerbrief auszulegen, da wurden Gemeinden solide und ihr Zeugnis vor der Welt überzeugender.

## 5. Warum gilt der Römerbrief auch für uns heute?

Eine Frage taucht immer wieder auf. Wozu legt die Kirche immer und immer wieder den Römerbrief aus? Es kann ja sein, daß er früher einmal seinen Sinn und Auftrag gehabt hat, aber sind die Zeiten und die Fragestellungen nicht anders geworden? Kann der Römerbrief uns heute noch führen und eine Zukunft eröffnen?

Sollten wir nicht zum Beispiel bei den Evangelien bleiben, wenn wir unserer Zeit und ihrer Fragen begegnen wollen?

Die Frage ist berechtigt, denn die Geschichte geht weiter, neue Zeiten bringen neue Fragen, und neue Fragen suchen nach neuen, kühnen Antworten. Auch der Römerbrief enthält zum Teil Antworten auf zeitgebundene Fragen, mit denen wir heute wenig oder gar nichts anfangen können. Man denke zum Beispiel an die Sache mit dem Götzenopferfleisch in Kapitel 14.

Der Römerbrief geht nicht nur auf bestimmte Probleme ein, sondern gibt eine grundsätzliche Sicht für das Heil Gottes, das Unheil des Menschen und das Heilsgeschehen. Diese Sicht ist es, die den Brief so einzigartig macht. Ich möchte die Grunderkenntnis des Paulus in einem einfachen, aber folgenschweren Satz zusammenfassen:

*Der Römerbrief offenbart, wie der heilige Gott und der unheilige Mensch in einem ewigen Heil eins werden.*

Diese Wahrheit spricht Paulus aus im Evangelium, der Frohen Botschaft von Gottes Heil. Und Paulus weiß sich aufgrund dieser Heilserkenntnis berechtigt und beauftragt, die Botschaft auf alle nur erdenkliche Weise zu verbreiten. Dies geschieht in besonders gründlicher Weise im Römerbrief. Und was wäre in der Weltgeschichte berechtigter auszusprechen, wenn nicht das ewige Heil Gottes für den Menschen? Das Heil Gottes rechtfertigt die ständige Auslegung des Römerbriefes auch in unserer Zeit.

## 6. Woher hat Paulus die Erkenntnisse?

An dieser Antwort hängt nun alles. Wie war das bei Paulus? Hat er sich das selbst zusammengedacht, hat er bestimmte Auffassungen des Alten Testaments und moderner Strömungen harmonisiert?

Nein, die Erkenntnisse des Paulus kommen nicht aus ihm selbst, sondern sind Folge eines unvorstellbaren Zusammenstoßes, der ihm vor den Toren von Damaskus widerfahren ist.

Wir wissen, daß Paulus als jüdischer Theologe leidenschaftlich gegen die Jünger Jesu angegangen war, die er nur als beleidigende und gotteslästerliche Sekte ansehen konnte. Und auf dem Weg nach Damaskus, wo er eine weitere Gemeinde der Christen vernichten wollte, begegnete ihm der gekreuzigte und auferstandene Herr und warf ihn zu Boden (bitte Apg. 9,1–9 lesen).

In dieser Stunde brach Paulus nicht nur psychisch und physisch zusammen, sondern für ihn stürzte auch der gesamte Bau seiner jüdischen Theologie zusammen. Er wurde »blind« für eine vergangene Gottesvorstellung und »sehend« für das Heil in Christus und für das Unheil, das in der Welt ohne Christus herrscht.

Alles, was Paulus bisher als jüdischer Gelehrter geglaubt und gedacht hatte, mußte völlig neu begriffen werden. Wenn wir den Römerbrief lesen, müssen wir deshalb immer auch dieses Ringen vor Augen haben. Aber obwohl Paulus als Glaubender und Theologe persönlich engagiert war, konnte er mit Recht sagen:

»Ich tue euch kund, liebe Brüder,
daß das Evangelium, das von mir gepredigt ist,
nicht von menschlicher Art ist.
Denn ich habe es nicht von einem Menschen empfangen
oder gelernt, sondern durch eine Offenbarung
Jesu Christi.« (Lesen Sie Gal. 1,11–20)

*Schlußfolgerungen:*
– Die Begegnung mit Jesus Christus ist nicht nur eine seeli-

sche Sache, die sich in Gefühlen niederschlägt. Das tut sie auch, aber die Begegnung mit dem Herrn führt in den Kampf um die Klarheit und um die Wahrheit.

– Christlicher Glaube kann nur bestehen, wenn es Menschen gibt, die zunächst einmal still halten und fragen, was hier gemeint ist und was nicht, was es bedeutet und was nicht.

– Es hat sich bitter gerächt, daß in vielen Gemeinden die Mühe um die Wahrheit verlorenging zugunsten einer allgemeinen religiösen Unterhaltung. Gewiß wird man in den Gemeinden Veranstaltungen durchführen, die zu einer zweckfreien Freude da sind. Aber wenn diese Veranstaltungen nicht gefüllt und getragen sind von bewußt geistlicher Erkenntnis, dann verdirbt zum Schluß auch die Freude.

– Wir werden uns darum mühen, daß wir in unseren Gemeinden eine Art »geistlicher Volkshochschule« ins Leben rufen, um die gesamte Gemeinde, aber vor allem die Mitarbeiter zu Glaubensseminaren zusammenzuholen, um sie einzuführen in die Grunderkenntnisse der biblischen Bücher, in die großen Zusammenhänge der Kirchengeschichte, in die Fragestellungen der Gegenwart.

– Mission in unserem Volk und in anderen Völkern kann man nur treiben, wenn man weiß, was man glaubt, und wenn man auch anderen fragenden Menschen Rede und Antwort geben kann. Und dies gelingt nicht ohne die mutige Bereitschaft zum Nachdenken im Glauben.

– So wie Paulus zu seiner Zeit diese Mühe letztlich für die ganze Kirche auf sich genommen hat, so wird jeder auf seine Weise an dieser Mühe der ganzen Kirche Anteil haben. Und wir werden erleben, daß diese Mühe letztlich keine Last ist, sondern uns froh macht und neue Impulse zum Glauben und zum Dienen schenkt.

# II. Aufbau und Thema des Briefes

Wir wollen uns in diesem Abschnitt zunächst die Übersicht über den Römerbrief einprägen. Es ist erstaunlich, wie straff und genau Paulus seine Gedanken aufgebaut hat. Bei allen seelsorgerlichen Erwägungen für die Gemeinde in Rom können wir im Römerbrief auch einen großartigen Entwurf über das Wesen des christlichen Glaubens und Lebens entdecken.

## 1. Aufbau und Einteilung

*Einführung: 1,1–17.* Paulus stellt sich vor, grüßt die Gemeinde in Rom und nennt das Thema seines Briefes: »Der Gerechte wird aus Glauben leben« (V. 17). Diese Grundaussage wird im folgenden begründet und entfaltet.

*Zorn Gottes: 1,18–3,20.* Alle Menschen sind unter dem Zorn Gottes. Das heißt: Erst wollte der Mensch sündigen, nun muß er sündigen. Kein Gesetz hilft ihm aus diesem Fluch. Alle sind schuldig. Das ist die Lage der Menschen zu allen Zeiten.

*Gerechtigkeit Gottes: 3,21–4,25.* Gott schafft in Jesu Sterben und Auferweckung die Gerechtigkeit, die dem glaubenden Menschen geschenkt wird. Nicht auf dem Gesetz Mose, sondern auf dem Glauben Abrahams liegt die Verheißung des ewigen Lebens.

*Freiheit: 5,1–8,39.* Wer glaubt, erlebt und bekommt die vier großen Freiheiten, die der Glaubende erfährt:
– Er ist frei von *Adam*, das heißt vom Fluch der Geschlechterkette (Kap. 5).
– Er ist frei von der *Sünde*. Wer in Christus lebt, der ist eins mit ihm; er ist für die Sünde tot und nicht mehr für den Widerstand gegen Gott zu haben (Kap. 6).

- Er ist frei vom *Gesetz;* nun hat keine Macht mehr einen Anspruch, denn der Glaubende lebt gerechtfertigt und im Frieden (Kap. 7).
- Er ist frei vom *Tod.* Wer mit Jesus lebt, der lebt in der Kraft der Auferstehung und hat schon in diesem Leben Anteil an der Herrlichkeit, die nach dem Tod vollständig offenbar wird (Kap. 8).

*Israel: 9,1–11,36.* Was wird nun mit dem Volk Gottes? Diese Frage beantwortet Paulus auf der Grundlage der Rechtfertigung durch den Glauben.
Gott ist frei in seinem Handeln (9,1–29);
Israel hat Schuld auf sich geladen (9,30–10,21);
die Verwerfung Israels wird zum Heil der Welt,
Israel wird aber gerettet (11,1–36).

*Das Leben der Christen: 12,1–15,13.* Der Glaubende im Verhältnis zur Gemeinde, zum Bruder, zum Nichtchristen, zum Staat, zum Schwachen im Glauben und zu anderen.

*Abschluß: 15,14–16,27.* Grüße, Reisepläne, Ermahnungen, Warnung vor Irrlehrern; Tertius, der Briefschreiber, grüßt; Grüße, Lobpreis, Amen.

## 2. Einführung (1,1–17)

Wir lesen zunächst den Abschnitt gründlich durch. Hier werden bereits große und tiefe Aussagen gemacht. Zum Verständnis einige Hinweise:
*V. 1–7:* Paulus stellt sich zunächst selbst vor, indem er sich als Sklave Jesu bezeichnet. Er macht damit deutlich, daß es nur um Jesus geht: Er ist die Mitte aller Gedanken und der Inhalt aller Worte. Alles dreht sich um ihn, und alles wird nur durch ihn das Leben haben. Auf ihn zeigt Paulus und von ihm kommt er. Der Sklave hat keine eigene Meinung zu haben, sondern zu sagen, was ihm sein Herr aufträgt. Der Sklave hat sich nicht zu verwirklichen, sondern der Herr verwirklicht sich im Sklaven. Das Interes-

sante am Sklaven ist nicht der Sklave, sondern der Herr. Paulus ist an Jesus Christus gebunden, und diese Bindung ist seine Freiheit. (Mehr dazu im Abschnitt VII.)

Was für ein Profil wird in diesem einen Ausdruck »Sklave Jesu Christi« sichtbar? Welche Last und welcher Glanz verbergen sich in einer solchen Existenz? Wir tun gut daran, wenn wir uns das Leben des Paulus nach der Apostelgeschichte und den Briefen vor Augen halten. Dieses Leben bezeugt, was wohl unter einem Boten des Evangeliums zu verstehen ist.

Unsere theologischen Ausbildungsstätten, Ordenshäuser und Seminare sind gut beraten, wenn sie das Thema »Selbstverwirklichung« endgültig absetzten und dafür nach dem Vorbild des Paulus die Christusverwirklichung in einem Jünger Jesu zu einem verbindlichen Ziel erklärten. Wieviel Anregung zur Beugung und zum Mut verbirgt sich im Leben dieses Boten Paulus! Und es ist ja nicht der Bote, der uns letztlich interessiert, sondern der Herr Jesus Christus, der damals und heute Menschen zu seinen Werkzeugen machen will und kann.

Die Kirche Jesu braucht solche Knechte Jesu, die in völliger Verfügbarkeit nur dem Herrn und seinem Auftrag zur Verfügung stehen. Die Welt kann genau unterscheiden zwischen bequemen religiösen Schönrednern und den Knechten und Mägden Jesu Christi. Überzeugen werden letztlich nicht jene, die der Welt nach dem Mund reden, sondern die, die in der Bindung an Christus als die wahrhaft freien Menschen ihre Botschaft sagen und ihre Liebe umsetzen, ohne nach Dank zu fragen.

Beten wir darum, daß Er auch uns zu seinen »Knechten« macht, durch die er einen großen Segen bewirkt. Aber einwilligen müssen wir darin auch!

In V. 2 heißt es: ». . . das er zuvor verheißen hat durch seine Propheten in der heiligen Schrift . . .« Diese kurze Bemerkung ist wichtig. Paulus spricht nicht von einem Evangelium, das er sich selbst ausgedacht hat, und weiß auch von keinem Herrn, der plötzlich in der Geschichte auftaucht. Paulus weist auf das Alte Testament, stellt den Zusammenhang dazu her und bezeugt: Was ich jetzt sage, das hat mit jenen Verheißungen zu tun, die Gott vor Jahrhunderten seinem Volk gegeben hat!

Das bedeutet: Wer das Evangelium von Jesus Christus verstehen will, der muß in die Propheten schauen, ja, er muß das Alte Testament kennen. Das ist anspruchsvoll; aber anspruchsloser ist das Evangelium nicht zu haben. Wer das Neue Testament verstehen will, ohne das Alte Testament zu lesen, der wird wenig oder gar nichts verstehen. Es gehört zu den unverzeihlichen Niveaulosigkeiten unserer Zeit, daß man sich einige ethische Rosinen aus der Bibel herausholt, um damit Christentum zu machen, daß man aber den großen inneren Zusammenhang der ganzen biblischen Botschaft vom Alten und Neuen Testament nicht mehr erkennt. Diese Nachlässigkeit muß sich bitter rächen. Und daß wir heute so wenig bibelgebildete Menschen haben, aber so viele religiöse Weltverbesserer, hat der gesamten Gemeinde Jesu einen tiefen Schaden zugefügt. Wir sollten uns hier bewußt Mühe geben, um das Alte Testament neu zu entdecken und tiefer in die Wahrheiten der Heiligen Schrift und besonders des Römerbriefes einzudringen.

Darum sollten wir in diesem Zusammenhang wenigstens folgende Stellen aufschlagen und nachlesen, damit wir ein wenig verstehen, warum Paulus auf das Alte Testament Bezug nimmt:

1. Mose 12–15 (Beginn der Geschichte Abrahams und die Verheißung an ihn); 2. Samuel 7,1–13 (die Verheißung an den König David); Jesaja 42,1–9; 49,1–6; 50,4–10; 53,1–12 (die vier Knecht-Gottes-Lieder) und schließlich Jeremia 33,6–17 (der ewige Bund mit dem Volk Israel).

Zu diesen Abschnitten müßten noch viele hinzugefügt werden, aber diese sollen zunächst genügen, um deutlich zu machen, daß Jesus Christus die Erfüllung der Verheißung ist.

In einem Mitarbeiterkreis stellte jemand die Frage: »Welches ist der tiefste Unterschied zwischen dem Islam und dem Christentum?« Es wurde viel gerätselt. Dann sagte der Pfarrer: »Der tiefste Unterschied ist dieser: Jesus wurde von den Propheten verheißen, Mohammed aber nicht!«

*V. 4:* Paulus bezeugt in wenigen Worten das Geheimnis des Lebens Jesu und die Bestätigung des Sohnes durch den Vater in der Auferstehung von den Toten. Jesus ist der Herr. Hierzu ein wichtiger Hinweis: Die Frage heißt nicht, was Jesus alles getan und gelitten hat, sondern ob seine Taten und sein Leiden von Gott bestätigt wurden oder nicht! Und hier gibt Paulus die einzig klare und wahre Antwort: Durch die Auferstehung Jesu von den Toten ist offenbar geworden, daß Gott zu diesem Jesus sein ewiges Ja gesagt hat. Gott hat nicht zu den Hohenpriestern und Schriftgelehrten ja gesagt, sondern zu Jesus von Nazareth. Und wenn die Juden bis heute auf den Messias warten, dann muß und darf man bezeugen: »Hier ist er, Jesus von Nazareth!« Wenn Millionen von Menschen nach der Erfüllung ihres Lebens unterwegs sind, dann wollen und dürfen wir sagen: »Hier ist er, der alles Leben füllt: Jesus von Nazareth!«

In *V. 5* formuliert Paulus seinen Auftrag: ». . . den Gehorsam des Glaubens aufzurichten unter allen Heiden . . .« Hier spricht der Berufene Christi, der weiß, was ihm der Herr aufgetragen hat, und der sich selbstverständlich auch um die Gemeinde in Rom kümmern wird (V. 6).

*V. 8 – 15:* Ich will nach Rom. Paulus wird den Brief an die Gemeinde in Rom im Winter 55/56 während eines Aufenthaltes in der griechischen Hafenstadt Korinth diktiert haben. Er möchte gerne und bald nach Rom. Über die Lage war er informiert, wie wir im Abschnitt I gesehen haben. Man nimmt an, daß Paulus Pläne hatte, auch im Westen des römischen Imperiums das Evangelium zu verkündigen. Möglicherweise wollte er nach Spanien, und auf dem Wege dahin war es gut, mit der Gemeinde in Rom Kontakt aufzunehmen, sie zu stärken und sich möglicherweise Verbindungen zu besorgen. So kündigt er sein Kommen an.

Bevor wir zum Thema des Römerbriefes in V. 16 und 17 kommen, möchte ich noch auf eine kleine Bemerkung hinweisen, die ein deutliches Licht auf den Apostel wirft. Er schreibt in *V. 11:* »Denn mich verlangt, euch zu sehen, damit ich euch etwas mitteile an geistlicher Gabe, um euch zu stärken . . .«

Es gibt ja eine Bescheidenheit, die nichts von sich erwartet. Diese Bescheidenheit pflegt Paulus hier nicht. Im Gegenteil: Er ist davon überzeugt, daß er den römischen Christen Stärkung im geistlichen Leben zu bringen hat. Das ist jedoch kein Selbstbewußtsein, obwohl Paulus bestimmt Selbstbewußtsein gehabt hat, sondern es ist ein »Christusbewußtsein«. Wer in der Verbindung mit dem gekreuzigten und auferstandenen Herrn lebt, der soll und darf damit rechnen, daß durch ihn Segen geschieht. Wir sind als Boten nicht darum in die Welt geschickt, damit nichts durch uns passiert, sondern damit durch uns Menschen gesegnet und Gemeinden gebaut werden. Wir bereichern die Welt, weil wir durch Ihn reichgemacht sind. An manchem Klagen und wehleidigem Stöhnen in Gemeinden ist nicht irgendeine schwierige Last, sondern der eigene Unglaube schuld. Der Bote Jesu weiß, daß er nie allein ist und daß der Herr durch alle Mängel und durch alle Widerstände hindurch Sein Werk vorantreiben will und wird.

## 3. Das Thema des Briefes (1,16–17)

Bei diesen beiden Versen wollen wir uns bewußt etwas gründlicher aufhalten.

»Denn ich schäme mich des Evangeliums nicht; denn es ist eine Kraft Gottes, die selig macht (rettet) alle, die daran glauben, die Juden zuerst und ebenso die Griechen. Denn darin wird offenbar die Gerechtigkeit, die vor Gott gilt, welche kommt aus Glauben in Glauben; wie geschrieben steht: ›Der Gerechte wird aus Glauben leben.‹« (1,16–17)

Diese beiden Verse sind das Thema des ganzen Briefes. Jeder sollte sie auswendig lernen, damit er sie inwendig behält.

Was bedeuten sie? Paulus meint damit: »Ich will mit dem Evangelium von Jesus Christus nicht hinter dem Berg halten, denn darin wirkt eine gewaltige Kraft, die den Menschen rettet, wenn er glaubt, was dieses Evangelium sagt. Das galt zuerst den Juden, aber nun gehört dieses Evangelium und die Rettung allen Völkern. Denn im

Evangelium und der Rettung wird die Gerechtigkeit Gottes (Luther fügt erklärend hinzu: ›die vor Gott gilt‹) Wirklichkeit. Diese Gerechtigkeit Gottes setzt sich im Menschen durch, wenn er glaubt. In diesem Glauben und dieser Gerechtigkeit wird der Mensch wirklich leben können.«

Der zentrale Satz ist also: »Der Gerechte wird aus Glauben leben.« Damit *dies* geschieht, wird das Evangelium verkündigt. In diese Gerechtigkeit sollen wir hinein, diese Gerechtigkeit sollen wir leben und erleben.

So gehören also Evangelium, Glauben, Rettung und das Leben in der Gerechtigkeit unauflöslich zusammen. Wer das eine will, darf auf das andere nicht verzichten. Diese Einsicht ist ganz wichtig, denn wer zum Beispiel leben will, dabei aber das Evangelium, den Glauben, die Rettung oder die Gerechtigkeit nicht will, der wird eben nicht leben können. Geben wir jetzt genau acht, was diese Verse uns sagen. Wir werden einige erstaunliche Entdeckungen bei diesem Generalthema machen.

## a) Gerechtigkeit Gottes

Wir haben in V. 17 gelesen, daß alles auf die Gerechtigkeit Gottes hinzielt. Wer Christ sein will, der will die Gerechtigkeit Gottes; wer die Gerechtigkeit Gottes will, der will auch Christ sein. Was aber bedeutet diese Gerechtigkeit?

Ich möchte bereits hier drei Verständnisse von Gerechtigkeit Gottes nennen. Wir werden im Zusammenhang mit Kap. 3 noch einmal ausführlich darüber nachdenken.

– Weil Gott heilig und gerecht ist, hat er dem Menschen seinen heiligen Willen offenbart. Dieser heilige Wille stellt die Gerechtigkeit Gottes dar. Wer ihn tut, ist vor Gott recht.

Viele Menschen versuchen, diesen Willen Gottes zu tun, und wollen auf diese Weise gerecht sein. Wer aber gerecht sein will, der kann es nicht nur ein bißchen sein, der muß es auch überall und immer sein. An diesem Ziel der Gerechtigkeit des Menschen werden wir scheitern, wie auch Luther gescheitert ist, denn die Heiligkeit Gottes wird uns geben, was wir verdienen: Das schlechte Gewissen. Wenn Gott uns also unser Streben nach Heiligkeit so beantwortet, dann erklärt er uns für ungerecht und bleibt selbst gerecht.

– Zum anderen bedeutet Gerechtigkeit, daß Gott einhält, was er verspricht: Er wird seine Verheißungen, die er seinem Volk gemacht hat, einhalten und erfüllen; darin erweist er sich als »gerecht«. Gott wird mit seinen Plänen zu seinem Ziel kommen, denn er ist gerecht. Gott ist auch dann gerecht, wenn er die Feinde seines Volkes vernichtet und sich über Israel gnädig erbarmt, denn er hat ja seinem Volk die Bewahrung und Führung zugesagt. Seine Zusage muß größer sein als die Sünde und die Verstocktheit des Volkes; Gott bleibt bei seinem Volk, er bleibt gerecht.

Dieses Verständnis von Gottes Gerechtigkeit finden wir häufig im Alten Testament und bei den gläubigen Juden unserer Zeit. Johannes der Täufer hat allerdings vor dem Mißbrauch dieses Gerechtigkeitsverständnisses gewarnt, wenn er sagte: »Denkt nur nicht, daß ihr bei euch sagen könntet: Wir haben Abraham zum Vater ...« (Mt. 3,5–9)

– Das paulinische Verständnis von Gerechtigkeit Gottes sieht ganz anders aus. Es ist allerdings nur zu verstehen, wenn man die Verheißung aus Jesaja 53 im Opfer Jesu und in seiner Auferweckung erfüllt sieht.

*Im Sterben Jesu* verdammt Gott alle Sünde der Welt, und so bleibt Gott als der heilige Gott gerecht, *in der Auferweckung Jesu* rechtfertigt der Vater den Sohn, gibt ihm die Vollmacht »im Himmel und auf Erden«.

Wenn ein Mensch diese Botschaft hört und diese Gerechtigkeit Gottes, die Er in und an Seinem Sohn Jesus Christus vollzogen hat, glaubt, spricht Gott ihn gerecht. Mit diesem Menschen wird Gott der Vater leben in »ewiger Gerechtigkeit, Unschuld und Seligkeit« (Luther).

Dies ist die Gerechtigkeit Gottes, »die vor Gott gilt«, wie Luther mit Recht hinzufügt. Durch diese Gerechtigkeit ist er unendlich froh und frei geworden. In der Erfahrung dieser Gerechtigkeit hat er glauben können, daß er nun vor

Gott ganz recht, ganz heil und ganz geliebt ist. Es gibt keine schönere und frohmachendere Botschaft als dieses Wort von der Gerechtigkeit.

## b) Evangelium

Nun wird klar, warum Paulus so mutig sagen kann: »Denn ich schäme mich *dieses* Evangeliums nicht . . .«

Paulus hält seine Botschaft nicht zurück. Sie ist nicht zum Behüten und Bewahren da, sondern sie will und muß in die Welt. In diesem »Evangelium« werden nicht einige Spezialangelegenheiten frommer Seelen behandelt, sondern hier wird der ewige Heilsplan Gottes für die ganze Welt, für alle Menschen zu allen Zeiten in allen Sprachen deutlich gemacht und im Menschen verwirklicht. Das Evangelium von Christus ist also eine unvergleichliche, unüberbietbare Botschaft, die nie veralten wird. Es kann in dieser Welt nie mehr gesagt werden, als das Evangelium zu sagen weiß. Deshalb will Paulus das Evangelium von Christus laut und eindrücklich ausrufen; er will der ganzen Welt das Beste sagen, was es jemals in der Welt zu sagen gab. Er will es nicht verschweigen!

»Denn . . .«: Nun kommt die Begründung, warum Paulus mit dem Evangelium nicht zurückhaltend sein kann. Hier müssen wir sehr genau hinhören. Was bedeutet dieses »denn«? Was verleiht dem Paulus diesen gewaltigen Anspruch und Auftrag, aller Welt und allen Völkern das Evangelium zu bringen? Diese Frage müssen wir an Paulus stellen, wir müssen sie an unsere Kirchen, Missionen und an unseren eigenen Dienst stellen: Warum gehen wir mit dem Evangelium in alle Welt? Warum beschränken wir uns nicht mit menschlichen Problemen und helfen auf allerlei gute Weise? Warum Verkündigung des Evangeliums?

Mit dieser Frage nach dem »denn« des Paulus treten wir mitten in die leidenschaftlichen Auseinandersetzungen um den Dienst der Kirche und der Verkündigung. Auf einer Pfarrkonferenz sagte man mir, daß heute nicht mehr die Frage nach der rechten Predigt gestellt werden sollte, sondern die Frage nach dem rechten Tun. Alles applaudierte. Da wiederholte ich, was Paulus hier sagt: Der Bote des Evangeliums hat Evangelium zu bringen. Darum ist er Bote. Der Bote kann und soll ganz gewiß gute Taten der Liebe tun, aber darum wäre er noch kein Bote! Bote ist man nur, wenn man eine Botschaft hat! – Dann kam die Frage aus dem Kreis der Zuhörer: Warum denn immer reden? Hat die Kirche nicht schon viel zuviel geredet? Sind nicht Taten die bessere Sprache? – Dazu will ich wieder und wieder sagen: Die Frage heißt nicht, ob die Kirche viel oder zuviel redet, sondern die Frage heißt, ob die Kirche das Evangelium von Christus predigt! Und ich behaupte, daß es niemals zuviel Evangelium geben kann, sondern immer nur zu wenig!

Wo liegt nun für Paulus der Grund zum Reden? Er gibt eine erstaunliche Antwort:

»Denn es ist eine Kraft Gottes, die selig macht (rettet) alle, die daran glauben . . .« Das heißt übersetzt: Im Evangelium geschieht das mächtige Eingreifen des ewigen Gottes so, daß der Mensch aus den Mächten der Zerstörung herausgerissen und gerettet wird zu einem herrlichen, unvergleichlichen Leben, das niemals enden soll und wird.

Das Evangelium ist also nicht dazu da, um den Menschen einige Informationen über Gott und die Welt zu geben, sondern um ihn in eine völlige neue, noch nie dagewesene Lebensweise zu rufen. Das Evangelium ist auch nicht dazu da, um den Menschen zu guten Taten zu beflügeln, so daß er nun endlich anständig wird. Nein, das Evangelium hat die Macht, den Menschen so zu verwandeln, das er eingehüllt wird in eine ewige Liebe, die ihn zutiefst erfüllen und bewegen soll. Und wenn der Mensch in dieses neue, noch nie dagewesene Leben hineingeholt ist, dann wird er auch Taten der Liebe tun, die es in dieser Welt noch nicht gegeben hat. Es sind aber eben nicht die guten Taten, die das Evangelium befiehlt, sondern es ist die völlig neue Lebensweise, zu der das Evangelium befreit, und die dann auch gute Taten hervorbringen wird.

*Das Evangelium ist und hat in sich eine Kraft.* Um diese erste und unbedingte Feststellung geht es. Und diese Kraft (im Griechischen steht das Wort »dynamis«) kommt nicht aus der Geschichte, nicht aus dem Willen, nicht aus dem Unterbewußten der Seele, nicht aus dem Intellekt, nicht aus großen Gedankensystemen, nicht aus dem Beispiel großer Menschen, sondern von Gott. Anders gesagt: Wenn das Evangelium von Christus verkündigt wird, dann wirkt eine göttliche Kraft, die es sonst nirgendwo in der Welt gibt. Wer die Kraft Gottes erfahren will, der muß sich also dem Evangelium aussetzen. Mit ihm kommt die Dynamik Gottes in Raum und Zeit.

Wer niemals Evangelium gehört hat, der erlebt auch keine Kraft Gottes. Wer Kraft Gottes sucht, ohne sich dem Evangelium auszusetzen, der wartet vergebens. Wer Menschen erreichen und verwandeln will, der muß nicht an den Willen oder an den Verstand appellieren, nicht an Vorbilder und auch nicht an bessere Zeiten; wer will, daß Menschen wirklich verwandelt und geprägt werden, der verkündige ihnen das Evangelium von Christus, denn hier kommt die Kraft Gottes zum Menschen. Auf keinem anderen Weg.

Jetzt kann jeder in sein eigenes Leben und in das Leben seiner Nachbarn, seiner Gemeinde, seines Pastors, seiner Kirche und in das Leben der ganzen Welt schauen: Welche Kräfte haben wir? Wir alle verlangen nach Kraft. Wir brauchen unendlich viele innere und äußere Kräfte, um den Lebenskampf zu bestehen. Die Frage nach der Energie ist und bleibt für das persönliche Leben und für das Leben der Menschheit die eigentliche Frage. Ohne Energien bricht alles zusammen. Ohne Macht versinkt alles in Ohnmacht. Und es gibt keinen, der nicht davon träumt, endlich einmal mehr Kraft und mehr Energien zu haben. Aber, und damit kommen wir zum Höhepunkt unserer Betrachtung, was und wo ist Kraft Gottes?

## c) Kraft Gottes

Was meint Paulus, wenn er sagt, daß durch das Evangelium von Christus die Kraft Gottes kommt? Was für eine Kraft ist das denn? Wie kommt sie und wo geschieht sie?

Normalerweise denken wir ja so: Kräftig, kräftiger, am kräftigsten; und wenn das nicht mehr hilft, dann brauchen wir Gottes Kraft, und die ist ja wohl kräftiger als alle anderen Kräfte. Und dann sehe ich die vielen wirklich gutmeinenden frommen Menschen, die alles mögliche tun, um endlich an die Kraft Gottes heranzukommen: Sie beten und fasten, sie führen viele religiöse Übungen durch und schließen sich ein und ab. Wir erfahren unsere Schwachheit und halten Ausschau, woher die Kräfte wohl kommen. Nun antwortet Paulus mit der großen und alles umwerfenden Wahrheit, die den ganzen Römerbrief bestimmt:

Die Kraft Gottes kommt nicht kräftig, sondern ohnmächtig. Sie erreicht uns nicht im strahlenden Gewand, sondern kommt in der Unansehnlichkeit des Sterbens Jesu zu uns. Die Kraft Gottes ist nicht jene geballte Ladung, mit der die Probleme und Leiden der Menschheit gelöst werden, sondern sie erreicht diese Welt in dem letzten Sterbensseufzer Jesu: »Es ist vollbracht!« (Joh. 19,20)

Die Kraft Gottes ruht auch nicht auf dem Grund der menschlichen Seele, die ich durch Selbstversenkung erreichen und mir nutzbar machen könnte, nein, die Kraft Gottes verbirgt sich in den Wunden Jesu. Die Kraft Gottes ist nicht dort zu suchen, wo begabte Leute auftreten, die mit Gnadengaben und großen Worten die Menschen zu fesseln vermögen, sondern sie wird dort gefunden, wo man dem Wort vom Kreuz begegnet. Die Macht und die Herrlichkeit Gottes, die letzte und alles durchziehende Wirklichkeit, kommt still, einfach, behutsam und bindet sich fest an die Versöhnung, die auf Golgatha geschehen ist, und die in der Botschaft vom Kreuz Jesu zu uns kommt.

Wo immer Großes und Beeindruckendes, Mächtiges und Faszinierendes in der Welt geschieht, sollte man auf der Hut sein, ob da nicht menschliche Macht zum Zuge kommt. Auch der Feind Gottes tritt mit dem Schein der Größe auf, denn ihm ist der Zugang gegeben, zu »allen Reichen der Welt und ihrer Herrlichkeit . . .« (Mt. 4,8–9). Wenn aber das Bild des Gekreuzigten gemalt und die Botschaft von der Niedrigkeit Gottes im Sterben Jesu verkündet wird, dann hören Sie genau hin und machen Sie Ihren Geist und Ihr Herz weit, denn in dieser Schwäche Jesu kommt die Kraft Gottes zu Ihnen.

In der Botschaft von der Versöhnung Gottes mit den Menschen wird die geheimnisvollste und gewaltigste Kraftanstrengung angezeigt, die jemals im Himmel und auf Erden eingesetzt wurde: In der Versöhnung auf Golgatha wurde die unnahbare Heiligkeit Gottes und die in sich gekrümmte Verlorenheit des gottlosen Menschen »zusammengeliebt«. Hier am Kreuz hat Gott sich als wirklich mächtig erwiesen, als er sich zum Opfer in die Hölle des Menschen hineingab. Hier geschah das gewaltigste Ringen, als der heilige Gott sich selbst mit der Sünde des Menschen versöhnte, – dadurch, daß er seinen eigenen Sohn in die Gottesferne opferte und verdammte –, um für immer dem Sünder in Liebe nahe zu sein. *So* wurde Gott mächtig, als er sich zum Opfer gab. Als er schrie: »Es ist vollbracht!«, da hatte der ewige Gott seine größte und gewaltigste Macht eingesetzt.

Nirgendwo vorher in der Welt ist jemals ein Mensch auf einen solchen Gedanken gekommen. Kein Religionsstifter hat jemals zu denken gewagt, daß der ewige Gott so etwas tun und schaffen könnte. Es ist möglich zu denken, daß ein Gott die Welt erschafft, daß er das Böse straft und ein furchtbares Gericht über die Menschen und die Schöpfung bringen kann. Das alles ist viele Male gedacht und geglaubt worden; aber daß Gott sich zum Opfer erniedrigt und sich in tiefster und letzter Einsamkeit dem widergöttlichen Menschen dienend und liebend nähert, das hat nie ein Mensch gedacht. Das kann man nicht denken und auch von keinem Gott erwarten, das traut man Gott nicht zu!

Und genau dies ist in Jesus auf Golgatha geschehen: Der heilige Gott hat sich mit der unheiligen Welt versöhnt, indem er seinen Sohn für uns verdammte und richtete.

Das Judentum kann vieles glauben, aber dies kann kein Jude für möglich halten. Der Islam kann auch vieles denken, aber dies ist ihm ein völlig undenkbarer Gedanke. Die Religionen dieser Erde wissen viel zu sagen vom Wesen des Menschen und vom Wesen Gottes, von Urgründen und vom Ursein, vom Fallen und Aufsteigen der Seelen, aber keine Religion hat je denken können, was das Evangelium uns über die Kraft Gottes verkündet.

So verbirgt sich in diesem Wort vom Kreuz Jesu die

größte Kraft, die Gottes Versöhnung schafft. Darum sagt Paulus:

Ich schäme mich dieses Evangeliums von Christus nicht, denn wenn diese Botschaft verkündet wird, dann wirkt die versöhnende Macht Jesu, die alle rettet, die dieses Unglaubliche glauben!

*Ich fasse zusammen:*
Die Kraft Gottes wird dort mächtig, wo die Botschaft vom Kreuz verkündigt wird. Wer eine andere heilende Kraft Gottes erwartet, der wartet umsonst. Wenn Gottes Heil im Sterben Jesu dem Menschen bezeugt wird, dann nimmt der Geist Gottes dieses kurze und schwache Wort, füllt es in diesem flüchtigen Augenblick mit der ganzen Versöhnungs- und Erlösungskraft Gottes und zieht so im Innersten des Menschen ein – wenn dieser Mensch dem Wort und damit dem Herrn glaubt.

Alles, was der Mensch angesichts dieser Botschaft zu tun hat, ist, sie zu hören und es dem Herrn als sein eigenes Wort zu glauben: »Ja Herr Jesus, ich glaube Dir dieses Wort, ich glaube, daß Du mich widersprüchlichen und sündigen Menschen für Zeit und Ewigkeit erlöst hast. Ich glaube Dir, daß Du mir die ewige Einheit mit Dir, dem Vater und dem Heiligen Geist schenkst!«

So wirkt die Kraft Gottes in unserem Leben. So werden wir gerecht gemacht. Wir streben nicht nach Gerechtigkeit, sondern wir empfangen sie. Im Namen Jesu bekommen wir vor Gott recht, und dieses Recht auf die Gemeinschaft mit Gott und das ewige Leben nehmen wir glaubend an: »Der Gerechte wird aus Glauben leben« (V. 17).

Wo die Tat der Versöhnung verkündigt und geglaubt wird, da wird sie auch wirksam. Wir müssen nicht Sorge tragen, ob wir versöhnlich leben können, sondern brauchen diese Versöhnung nur im Glauben willentlich anzunehmen und in uns wirken zu lassen. Dann werden wir erfahren, daß die Versöhnung uns versöhnlich macht. Die Versöhnung Jesu hat immer versöhnende Kraft, sie ist für den Glaubenden kein bloßer Gedanke, sondern wird durch seine Gegenwart zu einer verwandelnden »Dynamik«.

## d) Rettung

Paulus sagt in *V. 16:* »Das Evangelium ist eine Kraft Gottes, *die selig macht alle, die daran glauben . . .*« Wörtlich heißt es: »die *rettet* alle . . .« Es geht um drei entscheidende Worte:

- retten,
- alle,
- glauben.

Wer von Rettung spricht, der spricht immer zugleich von der Möglichkeit, daß etwas zugrunde geht. Rettung ist das Gegenteil von Verlorengehen. Wenn ich also etwas retten will, muß ich zuvor wissen, wo und auf welche Art etwas verlorengegangen ist oder verlorengehen kann. Die Rettung richtet sich in Mittel und Aufwand nach dem Ort und dem Wesen des Verlorengehens.

Wenn ich zum Beispiel eine Katze aus einer Milchkanne retten will, dann muß ich andere Mittel anwenden, als wenn ich einen Politiker aus einer Wahlniederlage retten will. Nun heißt in unserem Zusammenhang die Frage: Woraus rettet denn das Evangelium Gottes? Wo und wie verloren ist der Mensch, daß er gerettet werden muß, und welche Mittel sind nötig, damit er gerettet wird?

Die Antwort ist einfach und doch geheimnisvoll: Der Mensch hat seinen Gott verloren und wurde gottlos; dabei hat der Mensch auch seine Mitte verloren und wurde deshalb unmenschlich. Nun muß er aus seiner Gottlosigkeit und seiner Unmenschlichkeit gerettet werden. Die Verlorenheit des Menschen hat also eine ewigkeitliche und eine geschichtliche Dimension. So muß auch die Rettung des Menschen sowohl bei Gott als auch bei ihm selbst geschehen, er muß wieder bei Gott sein und er muß auch wieder »bei sich selbst« sein. Geschieht dies, dann ist der Mensch gerettet und wieder heil.

Was dies nun alles bedeutet und welche tiefgreifenden Konsequenzen hinter diesen Aussagen stehen, behandeln wir in einem der nächsten Abschnitte. Hier möchte ich nur auf das Ziel der Rettung hinweisen:

Der Mensch, der aus dem Schöpfungswillen Gottes

stammt, ist in einen Bruch und in eine Trennung geraten, die ihm den »Lebensfaden mit Gott« abgeschnitten hat. Der Mensch lebt »jenseits von Eden«. Die Rettung besteht darin, daß dieser Bruch geheilt und diese unheimliche Trennung aufgehoben wird. Das Ziel der Rettung lautet: Gott will wieder mit dem Menschen eins sein, und der Mensch soll wieder mit Gott eins sein. Anders formuliert:

Gott sehnt sich nach dem Menschen, sehnt sich nach Ihnen und nach mir und will ohne Sie und mich nicht seinen Himmel erleben. Damit dieses Einssein wiederhergestellt wird, stirbt der Sohn am Kreuz und wird von den Toten auferweckt.

Die Rettung zielt auf die Einheit mit dem ewigen Gott. Und wo immer ein Mensch in der Gottesferne lebt, wendet sich Gott mit seinem Evangelium an ihn. Denn durch die Botschaft von Jesus Christus erreicht und rettet Gott den Menschen für sich. Wird der Mensch von Gott erfaßt und aus der Trennung von Gott gerettet, dann wird er auch aus der Einsamkeit und der Unmenschlichkeit gerettet. Lebt der Mensch mit seinem Herrn in einer liebenden Einheit, dann bekommt er auch das menschliche und liebende Antlitz, das sich dem Menschen menschlich zeigen und zuwenden kann. So geschieht am Menschen die Rettung Gottes.

### e) Alle

». . . rettet alle, die daran glauben . . .« »Alle«, sagt Paulus. Die ganze Welt, nicht einige, die religiös veranlagt sind, sondern alle, die Ihm glauben.

»Alle« – dieses Wort soll 450 mal in der Bibel vorkommen. Ich habe es nicht gezählt, aber die große Zahl spricht für Gott, der alles in allem ist. Damit ist der universale Anspruch ausgedrückt: Jesus starb im Auftrag und in der Vollmacht Gottes. Sein Kreuzestod ist im Himmel begründet und beschlossen, und darum gilt er der ganzen Menschheit, ja, der ganzen Schöpfung; Seine Auferweckung ist keine Privatsache; mit ihr beginnt die Auferweckung der ganzen Menschheit. Der auferstandene Herr Jesus Christus ist das Ziel des Kosmos. Alles ist unterwegs zu ihm, und allen kommt er entgegen.

Das Heil und die Vollmacht Jesu gelten für die ganze Menschheit; sie umfassen die ganze Schöpfung und durchziehen auch die ewige Welt. Ihm ist »alle Gewalt gegeben im Himmel und auf Erden«. Wir können die Bedeutung des Heils Jesu niemals überschätzen, sondern immer nur unterschätzen. Wir sind alle von diesem Heil und Seiner Vollmacht umgeben und betroffen. Ob wir sie glauben und annehmen, ist unsere Sache, aber wir können uns als Menschen nicht mehr aussuchen, welches Heil wir haben möchten. Es gibt nur ein Heil und nur einen Herrn. Das ist über uns allen und für uns alle beschlossen. »Es ist in keinem andern das Heil, auch ist kein andrer Name unter dem Himmel den Menschen gegeben, durch den wir sollen selig (gerettet) werden . . .« (Apg. 4,12)

Ich werde allen Religionen mit dem nötigen Respekt begegnen, aber glauben will und kann ich ihnen nicht mehr. Ich will bezeugen, wo immer dies möglich ist, daß der Friede Gottes und die Erlösung des Menschen allein im Geheimnis Jesu verborgen sind. Wir müssen in der Begegnung mit dem anderen nicht lautstark überreden, aber wir haben das Recht, jedem dieses Heil zu bezeugen, denn es gilt *allen*.

Die Unsicherheit, die bei vielen Christen an dieser Stelle aufbricht und dieses gewisse Zeugnis von Jesus Christus lähmt, rührt nicht aus dem Verständnis für andere Religionen, sondern kommt meines Erachtens zuerst aus der Unkenntnis der christlichen Botschaft, was zu einem wankelmütigen Glauben führen muß. Wir werden uns an dieser Stelle viel Mühe machen müssen, um die Einzigartigkeit des Evangeliums wiederzuentdecken, um sie überzeugend und gewinnend *allen* Menschen zu verkündigen. Wer meint, das Evangelium sei auf einige christliche Länder zu beschränken, der hat nicht ein bißchen Evangelium aufgegeben, sondern alles. Wer nicht mehr das Heil für die ganze Welt glaubt und will, der will und glaubt es letztlich auch nicht mehr für sich selbst und den Allernächsten. Wer nicht mehr glauben kann, daß das Heil Jesu für alle Menschen gilt, der verschone die Gemeinde und die Welt mit seinem unsicheren Religionsgerede. Er gehe zuerst auf die Suche nach dem Geheimnis Jesu und ringe solange, bis er es gefunden hat. Dann lege er in der Kraft des Glaubens und in der Gewißheit des Boten die »Hand an den Pflug«.

## f) Glauben

Unser letztes Stichwort heißt »Glauben«: ». . . die rettet alle, die daran *glauben*«. Wir werden in einem späteren Abschnitt (Kap. 3 und 4) noch darauf zurückkommen. Hier nur soviel: »Ich glaube« heißt nicht: »Ich weiß es nicht genau!«, sondern: »Ich lasse mich jetzt willentlich auf das Heil Jesu ein. Nun gehöre ich ihm und keinem andern.« Wer sich in ein Flugzeug setzt und sich auf dieses Unternehmen einläßt, der glaubt dem Flugzeug und dem Piloten. Wer eine Tablette gegen Kopfschmerzen nimmt, der setzt sich der Tablette aus und läßt sie an sich und in sich wirken. Er glaubt der Tablette.

Ich glaube dann an Jesus Christus, wenn ich mich seinem Wort, seiner Gegenwart und seinem Heil aussetze. Ich lasse es zu, daß er mich zu seinem Eigentum macht. Ich sage ja zu seiner Führung. Ich höre, was er mir zu sagen hat, und will seine Wahrheit über Gott und Welt in meinem Leben gelten lassen. Er soll mich führen und mir geben und nehmen, was er will: Ich glaube!

Im Glauben schaue ich weg von mir, meinen Möglichkeiten und Schwächen, und schaue auf ihn. Ich erwarte Jesus Christus und glaube, daß er mir nur das Beste gönnt und gibt, selbst dann, wenn Not, Krankheit und Tod mich bedrohen und überfallen werden. Ich glaube ihm, daß alle Sünde und alles Gericht in seinem Leiden und Sterben überwunden sind. Ich glaube, daß ich bei ihm immer nur den liebenden Vater und nie mehr einem rächenden Gott begegnen werde. Ich glaube, daß er die Macht hat, aus einem irrenden und zerrissenen Menschen einen hellen Segen zu machen. Ich glaube ihm, daß er mich und Sie liebt und ohne uns kein Fest im Himmel feiern wird.

Wer so glaubt, der wird empfangen, was Er in Seinem

Evangelium verheißen hat. »Habe ich dir nicht gesagt: Wenn du glaubst, wirst du die Herrlichkeit Gottes sehen?« (Joh. 11,40) Wer ihm nicht glaubt, der bleibt bei sich selbst und muß dabei verarmen. Wir aber wollen glauben, daß er mit seinem ganzen Reichtum *für* uns ist. Dieser Glaube befreit und öffnet den Weg ins Weite!

Ich will diesen Abschnitt mit einem kurzen Erlebnis beenden: Zu uns kommen viele junge und ältere Menschen, um Hilfe und Wegweisung zu erfahren. Seltsam ist: Sie fragen uns immer, was sie tun sollen, damit das Leben gelingt. Sie fragen nach dem »Tun«. Unsere Antworten sind immer gleich: »Tut doch mal gar nichts! Setzt euch unter das Kreuz. Lest die Heilige Schrift und glaubt ihm einfach aufs Wort. Er ist da. Glaubt ihm das. Er ist für euch da, glaubt ihm das. Er ist mit seinem Frieden da. Glaubt ihm das!«

Das ist das Schönste, wenn dann unter dem Zuspruch des Wortes Jesu Menschen wieder glauben und in diesem Glauben erfahren: Er rettet uns aus Schuld und Einsamkeit und stellt uns in eine neue Gemeinschaft mit sich und dem Vater.

*Schlußfolgerungen:*
– Wir sollten dieses Wort (V. 16 und 17) immer wieder im Geist und im Herzen bewegen. Wir haben mit dem Evangelium den gewaltigsten Reichtum der Menschheit. Jesus spricht von dem Schatz im Acker, um dessentwillen ein Mensch alles aufgibt (Mt. 13,44).

– Mit diesem Evangelium wollen wir auch entdecken, was andere Völker und Religionen zu geben haben. Wir wollen niemals eine andere Religion verachten, sondern sie vielmehr kennenlernen.

– Aber wir wollen auch mit Freude bekennen, was uns mit dem Evangelium gegeben ist. Dort, wo wir sind, wollen wir mit dieser Botschaft nicht zurückhalten.

– Manch eine Zeitschrift und manch ein Buch muß sich schämen, daß es sich den Menschen anbietet, aber das Evangelium muß sich *nie* schämen; der unbegabteste Helfer in der Gemeinde muß sich nicht schämen, wenn er diese Botschaft weitersagt.

# III. Sünde und Gottes Zorn (1,18–3,20)

Der folgende Abschnitt ist nicht leicht zu lesen und zu verstehen. Es ist gut, wenn wir zunächst die innere Einteilung begreifen. Paulus geht folgenden gedanklichen Weg:

In *Kap. 1,18–32* macht er deutlich, daß alle Menschen unter der Sünde und dem Zorn Gottes leben.

In *Kap. 2* weist er nach, daß die Juden genauso Sünder sind wie die Heiden, und daß weder das Gesetz des Mose noch die Beschneidung daran etwas ändern.

In *Kap. 3,1–20* führt er den Gedanken weiter, um zu dem Ergebnis zu kommen, daß alle Menschen ungerecht und Sünder sind. Unsere Lage vor Gott ist aussichtslos.

## 1. Grundlegende Bedeutung des Abschnitts

Dieser Abschnitt ist darum wichtig, weil Paulus hier die Tiefe der Sünde durchschaut. Diese Erkenntnis hat er nicht aus der Beschäftigung mit dem Menschen und den Sünden. Was er hier sagt, wurde ihm »offenbart« (1,18) durch die Begegnung mit dem Heil. Halten wir diese Erkenntnis bereits zu Anfang fest: Paulus erkennt nicht das Unheil vom Unheil her, sondern er erkennt vom Heil her das Unheil. Das Heil in Jesus Christus öffnet ihm die Augen für das Unheil und die Ausweglosigkeit der Welt. Dieser Weg, Not und Elend zu erkennen, ist in der Tat ein völlig anderer als jener, den wir heute gewohnt sind.

Vorweg eine kurze Szene. Von dem irischen Dichter Bernard Shaw wird folgende Begebenheit erzählt:

Shaw kommt aus der Kirche.

Zu Hause fragt ihn ein Freund: »Wo warst du, Bernard?«

Shaw: »Ich war in der Kirche!«

Freund: »Worüber hat der Pastor gepredigt?«

Shaw: »Über die Sünde!«

Freund: »Und was hat der Pastor dazu gesagt?«

Shaw: »Der Pastor war dagegen!«

Diese kurze Szene zeigt nicht nur die Ironie des irischen Dichters, sondern auch die Hilflosigkeit, die bei dem Thema »Sünde« herrscht. Der Mensch weiß, daß Sünde etwas Schlechtes ist, aber es ist ihm nicht klar, was an der Sünde so schlecht ist und was das Schlechte so sündig macht. Man ist dagegen. Das ist alles.

Dabei geht es beim Thema »Sünde« um den tiefsten Schaden der Menschheit: Überall hören wir davon, daß der Mensch unzulänglich, widersprüchlich, gehässig, neidisch, brutal, rücksichtslos, egoistisch usw. ist, und jeder von uns weiß sein trauriges Liedlein zu singen, wie groß der Schaden auch in ihm selbst ist. Die Frage heißt nun: Was ist das eigentlich, »Sünde«? Denn wenn ich den Schaden an mir erlebe, muß ich ihn richtig erkennen und deuten können, um ihn dann, wenn es geht, zu beseitigen. Kurz: Die Diagnose ist die Voraussetzung zur Heilung. So reden wir bei dem Thema »Sünde« nicht über irgendeine interessante Frage, sondern wir reden über den Schaden der Menschheit, wir reden somit über uns.

Es ist ein Zeichen von nüchternem Welt- und Menschenverständnis, wenn Paulus am Anfang seines großen Römerbriefes genau hier, am Schaden der Menschheit, ansetzt. Wir müssen nun alles daransetzen, daß wir sorgfältig hinsehen und hinhören, denn eine Fehldiagnose in bezug auf die Sünde ergibt auch eine falsche Therapie. Und wer den Schaden nicht erkennt, der erkennt auch keine Heilung. Das Stichwort zur Sünde bei Paulus heißt seltsamerweise:

## 2. »Dahingegeben«

Wenn wir von Sünde sprechen, meinen wir normalerweise, daß man bei einigem guten Willen das Gute tun und das Böse lassen könnte. Der Mensch wird als ein Wesen gesehen, das frei entscheiden kann, ob es sündigen will oder nicht. Die meisten Richtungen in der Erziehungswissenschaft gehen davon aus, und ungezählte Eltern meinen von vornherein: »Das Gute steckt in unseren Kindern, und mit ein bißchen gutem Willen muß die Erziehung auch gelin-

gen!« Und wenn man die Streitigkeiten in der Öffentlichkeit, in der Wirtschaft, in der Politik und in der Kirche an-
sieht, dann denkt man oft: »Eigentlich müßte das nicht
sein, eigentlich müßten die da oben sich doch vertragen
können!« Und alles Kritisieren in Presse, Funk, Fernsehen
oder beim Glas Bier in der Kneipe nebenan geht ebenfalls
von dem Verständnis aus: »Das könnte auch anders sein!«
Paulus spricht jedoch eine völlig andere Sprache. Bevor wir
das untersuchen, muß ich noch einmal daran erinnern, was
wir oben bereits festgehalten haben:

Was Paulus zu sagen hat, das weiß er immer nur aus der
Begegnung mit dem gekreuzigten und auferstandenen
Herrn Jesus Christus. Er, Paulus, hat nicht über die Menschen, über Sünde, Welt oder über Gott nachgedacht, um
es dann zu veröffentlichen, sondern er ist dem lebendigen
Herrn Jesus begegnet. Und es ist diese umstürzende Begegnung, die dem Apostel die Augen geöffnet hat. Paulus hatte keine Meinung über die Dinge, sondern durch die Begegnung mit Jesus Christus bekam er eine christusgemäße
Einsicht in die Zusammenhänge.

Das ist wie bei der Liebe: Wer einmal verliebt war und geliebt hat, der bekam Einsichten in Höhen und Tiefen, die jemand, der nie verliebt war, nicht haben kann. Hundert gele-
sene Bücher über die Liebe ergeben Ansichten über die Liebe;
erlebte Liebe aber verschafft erlittene Einsicht *in* die Liebe.

So hatte Paulus keine Ansicht über die Sünde, sondern
er gewann durch die Begegnung mit Christus eine Einsicht
in die Sünde. Daran müssen wir immer denken, wenn im
folgenden von Sünde gesprochen wird. Es ist darum auch
sehr verständlich, wenn Moralisten und Idealisten aller
Schattierungen völlig anders über die Sünden und Fehler
der Menschen reden und urteilen, als Paulus das tut. Es ist
auch völlig einsichtig, daß die vielen Weltverbesserer andere Hilfen zur Beseitigung des Bösen anbieten, als Paulus
dies tun wird. Eine bestimmte Sicht von Sünde und ihrer
Überwindung prägt unser Leben in Familie, Politik, Kultur
und Kirche. Diese Sicht ist verkehrt. Wenn aber die Sicht
des Schadens falsch ist, dann kann die Sicht des Heils auch
nicht richtig sein.

Wenn wir also im Gespräch mit anderen Menschen über Nöte und Schäden, Sünde und Fehlverhalten reden, dann müssen wir im Hintergrund immer die Frage stellen: »Welche Einsicht über die Sünde liegt eigentlich in diesem Gespräch und bei diesem Gesprächspartner zugrunde?«

Wir schauen nun in das Kapitel 1,18–32. In diesem Abschnitt gibt es eine innere Einteilung: In V. 19–24 spricht Paulus von der religiösen Not, in V. 25–27 von der sittlichen Not, in V. 28–32 von der sozialen Not.

Wichtig ist zunächst die Feststellung: Es geht hierbei nicht um eine Wertung der Sünden nach der Art: schlimm, schlimmer, am schlimmsten, wobei dann wohlmöglich die sexuellen Nöte die schlimmsten Dinge wären. Nein, Paulus geht es in Römer 1 darum, zu sagen: So sieht der Mensch aus, der unter der Sünde lebt. Und das gilt für alle Menschen. Alle sitzen in *einem* Boot und haben Anteil an den Höhen und Tiefen, in die wir Menschen verstrickt sind. Kap. 1,18–32 will sagen: So und nicht anders ist der Mensch. So und nicht anders sind Sie, bin ich. Keiner kann sich da herauslösen.

Aber – und nun kommt die entscheidende Entdeckung des Paulus – in der Sünde hat es der Mensch eben nicht nur mit sich zu tun, sondern auch mit Gott. Das macht die Sünde so unheimlich. Lesen wir, was Paulus schreibt:

»Darum hat Gott sie auch dahingegeben (preisgegeben) in ihrer Herzen Gelüste . . .« (V. 24 und 26).

Das heißt: Erst wollte der Mensch selbstherrlich sein, nun gibt ihn Gott genau in die Arroganz hinein. Der Mensch wollte über sich selbst verfügen, nun muß er über sich selbst verfügen. Erst wollte der Mensch sich selber lieben, nun muß er sich selbst lieben. Erst wollte der Mensch im Mittelpunkt stehen, nun muß er sich selbst im Mittelpunkt erleben. Erst wollte er sich anbeten, nun muß er sich anbeten!

Hier liegt das Unheimliche der Sünde: Der Mensch will ein Leben ohne Bindung an Gott führen, und auf dieses Begehren reagiert der heilige Gott und überläßt den Menschen seiner Sünde. Gott antwortet also aktiv auf die

Selbstherrlichkeit des Menschen. Wir können auch sagen: Der Mensch will von Gott frei sein, er will Gott loswerden. Und darauf antwortet Gott mit dem Urteil: Nun mußt du, Mensch, auch frei und ohne mich sein!

Nicht die Sünde ist das Schlimme an der Sünde, sondern daß Gott aktiv auf Sünde reagiert, das ist das Unheimliche und das Beklemmende. Daher mußte geschehen, was geschehen ist: Der Mensch ist Gott losgeworden, weil Gott ihn losgelassen hat. Nun hat der Mensch nicht mehr seinen ewigen Halt, sondern muß sich am Zeitlichen und Vergänglichen festhalten. Wer die Anbetung Gottes aufgibt, den entläßt Gott in die Anbetung der Dinge, der Gaben und der Menschen. Gott gibt den Menschen preis! Er läßt ihn los. Der Mensch wird nun sein eigener Gott.

Ich wiederhole: Das ist von Gott aktiv verfügt! Das läßt sich nicht mit einigen psychologischen Tricks in Ordnung bringen, mit etwas Pädagogik oder einer Tracht Prügel. Nein, die menschliche Seite der Sünde ist eben nur *eine* Seite der Sache; die entscheidende Seite ist unverfügbar, sie liegt in der ewigen Welt Gottes. Der Mensch kann zwar seine Sünde bereuen und tausend gute Anfänge machen, aber er schafft das Preisgegebensein von Gott nicht mehr aus der Welt. Jede Sünde hat immer auch ein Urteil Gottes in sich. Jedes Problem im wirtschaftlichen, militärischen, seelischen, geistigen oder politischen Bereich offenbart, daß die Nöte groß sind. Aber kein Mensch kommt auf den Gedanken, daß bei diesen Problemen Gott auch sein Urteil mitgesprochen hat. Wir wundern uns nur, daß bei der Lösung der Probleme immer wieder neue und größere Probleme entstehen. Wir werden in Industrie und Gesellschaft, im persönlichen und politischen Leben die Probleme angehen und lösen, um wiederum zu erfahren, daß die Probleme wachsen und wachsen. Das Letzte an einem Problem ist eben nicht die Lösung, sondern das neue Problem. Zum Schluß bleibt die Niederlage, der Zusammenbruch und der Tod, obwohl wir alles tun, damit sich endlich einmal das Leben durchsetzt.

»Dahingegeben«, preisgegeben, das ist ein Zentralwort. Darum muß gesehen und gedacht werden: Das Problem der Sünde liegt *sowohl* im menschlichen Wesen und Herzen *als auch* bei Gott. An das menschliche Herz mögen wir vielleicht herankommen, aber an das Urteil Gottes sicher nicht! Gott steht *gegen* den Sünder. Er ist aktiv und willentlich gegen uns. Der heilige Gott läßt sich nicht überreden; wer gegen ihn ist, den entläßt er in seinen Gegenwillen. Wenn ein Mensch den lebendigen Gott nicht will, dann überläßt ihn Gott auch seinem gottlosen Willen. Diese Entlassung ist ein Willensakt Gottes und hat Folgen im Leben des Menschen! Gott ist Gott und was er will, das geschieht. Wenn er den Menschen losläßt, dann ist er verloren; und wenn er ihn allein läßt, dann muß er einsam werden.

Ich möchte ein Bild gebrauchen: Wenn man zwei Magnetplättchen zusammenbringen will, die beide mit »plus« geladen sind, dann stoßen sie sich ab. Das geht nicht auch anders! Wer selbst in seinem Leben Herr sein will, der wird geistig von Gott abgestoßen, denn Er ist der Herr, und nicht wir.

Wer zum Beispiel seine Berufsentscheidung fällt, ohne sich von Gott erlösen und rufen zu lassen, der muß dann auch seinem Beruf folgen und muß seinen Beruf für sein ein und alles halten. Das geht nicht auch anders. Wer seine Kinder für das allerhöchste Gut hält, der muß seine Kinder vergöttern. Wer einen geliebten Menschen zum Wichtigsten und Kostbarsten erhebt, der muß dann auch diesen Menschen zum Inhalt seines Lebens machen. Wer die Macht über Menschen und Dinge will, der muß dann auch diese Macht anbeten, und vergeht vor Angst, wenn sie ihm genommen wird. Wenn die Menschen tatsächlich glauben, daß sich im wirtschaftlichen Fortschritt das Leben erfüllt, dann läßt Gott sie auch prompt in ihr Verderben laufen, und wenn der ganze Globus dabei zerstört wird. Erst will der Mensch Herr sein über sich und die Natur und andere, nun muß er diese Selbstherrlichkeit ausleben bis zur Selbstvernichtung. Das ist Zorn Gottes! Schauen Sie sich aus dieser Sicht die Welt an!

Der normale Mensch sagt: »Das liegt an uns, wir müssen das und das ändern und anders organisieren, dann müßte es doch gehen!« Paulus sagt: »Das liegt eben nicht nur an uns, das liegt auch an Gott, darum läßt sich das eben so nicht in Ordnung bringen! Der Zorn Gottes muß aufgehoben werden. Sonst gelingt nichts mehr!«

Wer Sünde abschaffen will, der meint es gut, aber er macht die Rechnung ohne den Zorn Gottes. Wer in dieser Welt irgend etwas heilen und ändern möchte und nicht mit dem Zorn Gottes rechnet, der überschätzt sich und muß irgendwann verzweifelt einsehen: Das Gute, das ich wollte, wurde nicht gut, sondern führte zu neuen Problemen.

Wer sich Gott nähern möchte, wer das Wahre und Gute, das Ewige und Sinnvolle will, der muß wissen, daß zwischen ihm und Gott die Macht des Zornes Gottes steht. Wer das nicht sehen will, der ist ein Phantast. Er überschätzt sich und unterschätzt Gott. Und an Fehleinschätzungen geht immer der Mensch zugrunde. Gott hat uns »dahingegeben«! Das ist unsere eigentliche Not. Hier liegt der tiefste Schaden der gesamten Menschheit und der Urgrund aller Probleme.

Erst wenn das gesehen und erkannt wird, begreift man, warum Paulus auch dem Gehorsam gegenüber den Geboten, dem Gesetz, keine Chance einräumt (so, als ob man mit dem Gesetz wieder vor Gott zurechtkäme). Auch das Gesetz schafft niemals das Preisgegebensein, den Zorn Gottes aus der Welt und aus dem menschlichen Herzen.

Die Sünde und die Nöte des Menschen haben einen tiefen und geheimnisvollen Hintergrund. Dieser Hintergrund ist in Gott zu finden. Und wenn jemand fragt, woher Paulus diese Einsicht gewonnen hat, dann wiederhole ich:

Als Paulus, der gesetzestreue Jude, dem gekreuzigten und auferstandenen Herrn begegnete, da wurden ihm die Augen geöffnet für das Heil der Menschen. In der Begegnung mit Jesus Christus erkannte er: Wenn Gott seinen Sohn ans Kreuz schlagen lassen muß, um uns so den Frieden zu geben, dann muß die Not der Sünde tiefer liegen als nur im unrechten Tun. Wenn Golgatha nötig ist, damit Frieden wird zwischen Mensch und Gott, dann muß eben nicht nur beim Menschen die Not der Sünde überwunden werden, sondern dann muß Gott selbst in seinem Zorn über die Sünde versöhnt werden.

So hebt das Kreuz von Golgatha, das Opfer Jesu, sowohl die Sünde des Menschen als auch den Zorn Gottes auf!

Paulus erkennt im Licht Jesu, daß auf Golgatha sowohl der Mensch mit Gott als auch Gott mit sich selbst und mit dem Menschen versöhnt wurde. Als Jesus schrie: »Es ist vollbracht!«, da hatte er auch den Zorn Gottes ertragen und aufgehoben.

Wir werden im nächsten Abschnitt weiter darüber nachdenken, was das alles bedeutet – was das Gesetz meint und was nicht, wie der Mensch aus dem Zorn Gottes herauskommt, und was geschieht, wenn er vom Zorn Gottes frei wird. Zum Schluß nur noch eine Bitte:

Wenn wir über die Nöte und Probleme, über die Sünde und Fehler der Menschen reden, dann lassen Sie uns nicht mehr so harmlos sein und so tun, als sei »Sünde« nur eine falsche Verhaltensweise. Entdecken Sie am Kreuz Jesu und in der Heiligen Schrift immer wieder: Die Not des Menschen liegt tiefer als in seinem Herzen oder Unterbewußten. Die Not liegt im Urteil Gottes. Über unser Denken, Fühlen und Leben verfügt nicht nur die Sünde, sondern auch das Nein Gottes. Die Hilfe für Alkoholiker, Süchtige, Lügner, Ehebrecher, Egoisten usw. liegt in der Aufhebung des Zornes Gottes!

Wagen wir diese Sicht, dann bekommen wir ein nüchterneres Urteil über die Menschen, über Regierungen, die Weltlage, Attentate, über KZ's, Kriege, Rassenhaß, Abrüstung und anderes. Der Schaden liegt tiefer, als die Pädagogen und Psychologen glauben. Und die Heilung liegt auch an einer anderen Stelle, als wir meinen. Um diese Erkenntnis geht es.

### 3. Wie wirken sich Sünde und Gottes Zorn auf den Menschen aus?

Wir können über unsere und anderer Leute Sünden und Schlechtigkeiten reden, soviel wir wollen; entscheidend ist nicht, was wir darüber denken und reden, sondern was

Sünden und Schlechtigkeiten sind. Das wäre ja ein großer Gewinn, wenn wir durch die Erkenntnis des Römerbriefes grundsätzlicher, wahrhaftiger und damit auch vorsichtiger und barmherziger mit den Menschen und ihren Nöten umgingen.

Wir stellen noch einmal fest: Das Wesen der Sünde besteht darin, daß der Mensch selbst Herr sein will. Nun verurteilt ihn Gott dazu, es auch zu sein. Genau daran wird der Mensch scheitern, denn er ist nicht der Herr. Der Mensch will in seiner Maßlosigkeit seine eigene Mitte sein, und Gott überläßt ihn dieser Maßlosigkeit. Nun muß er seine eigene Mitte sein. Aber damit wird der Mensch sich selbst vernichten, denn er kann nicht seine eigene Mitte sein. So erlebt der Mensch unter dem Zorn Gottes die Steigerung seines eigenen Ichs und darin seine eigene Vernichtung.

Wie beschreibt Paulus diesen Vorgang der Sünde?

Wir lesen: ».. . und sie haben das Geschöpf verehrt (1,25) und ihm gedient statt dem Schöpfer ...« Das heißt, anders formuliert: Wir haben als Menschen die Gabe vom Geber gelöst. Wir haben die Einheit von Geschöpf und Schöpfung zerrissen. Wir haben die Gabe des Lebens in die eigene Hand genommen und bestimmen nun unser Leben *selbst*. Wir haben die Schöpfung in unsere Gewalt gebracht, und nun machen wir die Welt *selbst* so, wie wir uns das ausdenken. Wir haben uns alle Gaben genommen und genießen und genießen, und ahnen etwas Schreckliches. Wir werden in diesem Genießen nicht mehr satt, der Lebenshunger wird immer größer. Gott hat uns »dahingegeben«: Erst *wollten* wir genießen, nun *müssen* wir genießen!

Die Erfüllung kam nicht und wird so niemals kommen! Wir greifen nach den Gaben des Leibes, der Seele und des Geistes, nach den Gaben, die in den Dingen liegen und die uns in anderen Menschen nahekommen. Wir warten nicht, wann Gott uns die Gaben gibt, sondern nehmen sie uns, wenn wir dazu irgendeine Gelegenheit sehen. Und sollten uns die Gaben, auf die wir Lust haben, unerreichbar sein, dann tun wir alles, damit sie in unsere Nähe kommen. Wir »pflücken« die Gaben oder reißen sie an uns, weil wir sie wollen, und lösen sie so vom Geber.

Das ist »unerlöstes Leben«: Wir werden innerlich nicht reicher, sondern immer ärmer, mißtrauischer und ängstlicher!

Schauen Sie sich in Ihrem und im Leben anderer Menschen um: Wo immer wir Menschen uns die Dinge oder Menschen nehmen, seien es Geld oder Sexualität, Freunde oder Freundinnen, Wohlstandsgüter oder Ehrentitel, fromme Werke oder fromme Methoden (mit denen man Gott oder Menschen für sich einnehmen möchte), stets geht die Angst um den Verlust mit. Überall erleben wir Mißtrauen und Neid in uns und um uns herum.

Der Grund ist: Wenn wir die Gaben von Gott lösen und sie selbst haben und darüber verfügen möchten, dann bekommen wir sie tatsächlich, und zwar direkt – aber nicht mehr als ein Geschenk, das uns mit Gott verbindet. Denn die Gabe, die wir unmittelbar und direkt haben, die uns in kein Gottesverhältnis bringt und erhält, wird zum Raub und erzeugt einen Mangel in unserem Leben, ein Defizit, eine tiefe Armut. Noch nie hat ein Mensch in dieser Welt auch nur *eine* Gabe von Gott gelöst, ohne nicht eben an dieser Gabe zu verarmen! Der Mensch, der alles haben will, sich auch alles nimmt und alles bekommt, hat auf unheimliche Weise nichts!

Denn man hat nichts von den Dingen, die man von Gott begehrlich an sich genommen hat. Was wir von Gott in Selbstverfügung und Selbstherrlichkeit nehmen, das haben wir in dem Moment verloren, als wir es genommen haben. Wir verlieren, wenn wir ohne Gott seine Gaben nehmen.

Dies sind keine frommen Redensarten, das ist die Wahrheit über die Menschheit, über Sie und mich. Wir sind nicht darum innerlich so ausgebrannt, weil wir so wenig haben, sondern weil wir uns soviel genommen haben, ohne Gott zu danken und zu ehren! Wir sind nicht darum so lustlos, weil wir keine Lust erleben könnten, sondern weil wir unsere Lust in einem unendlich gestörten Gottesverhältnis erlebt haben. Wir gehen an der Ausplünderung der Planeten nicht kaputt, weil wir zu wenig Rohstoffe haben, sondern weil wir selbstherrlich, ohne Bindung an Gott, mit dem Reichtum dieser Welt verschwenderisch umgegangen sind und dabei noch das Wort für uns in Anspruch nahmen: »Macht euch die Erde untertan!« (1. Mose 1,28) Dieses Wort hat Gott eben *vor* dem Sündenfall gesagt, als der Mensch sich noch nicht selbstherrlich von seinem Schöpfer gelöst hatte. Nach dem Einbruch der Sünde wurde dieser Auftrag an den Menschen zwar nicht zurückgenommen, genauso wie die Verheißung und das Gebot der Fruchtbarkeit nicht zurückgenommen wurden. Aber da der Mensch nun unter dem Zorn Gottes leben muß, muß er zum Beispiel die Industrialisierung oder die Liebe und Geschlechtlichkeit immer auch in der Verbindung mit Schuld und Maßlosigkeit erleben: ». . . verflucht sei der Acker um deinetwillen! Mit Kummer wirst du dich von ihm nähren . . .« (1. Mose 3,17) Wir werden diese Welt gestalten, wir werden die Bodenschätze ausnutzen und uns alles untertan machen, aber wir werden dabei maßlos werden, und der Fluch begleitet uns.

Laßt uns die Welt sehen, wie sie wirklich ist! Diese Sicht kommt ja nicht aus einer negativen Haltung zur Welt, sondern aus der Erkenntnis des Heils! Aber wir müssen noch weitergehen und lesen, was dies alles bedeutet:

Während wir die Gaben haben, verarmen wir und werden verbittert und zerstört. Deshalb beginnt die unstillbare Sehnsucht nach den verlorenen Gaben. Es beginnt die Flucht zu sich selbst: in das unendlich gesteigerte Verlangen nach Lust, Frieden und Geborgenheit. Diese Sehnsucht zieht zum andern Menschen. Und nun verstehen wir die gewaltige Unruhe der Menschheit, die Sehnsucht nach Rauschmitteln und nach Befriedigungen aller Art. Jetzt macht der Mensch vor nichts mehr halt: Er wird den Himmel bestürmen, um die Erfüllung seines Lebens zu bekommen, und er wird bis zur schrecklichsten Perversion gehen, um seinen unendlichen Lebenshunger, seine Lebensgier zu stillen.

Um diese Offenbarung über das Leben und die Welt geht es dem Paulus in Römer 1: »Da sie sich für Weise hielten, sind sie zu Narren geworden und haben die Herrlichkeit des unvergänglichen Gottes vertauscht mit einem Bild gleich dem eines vergänglichen Menschen . . . sie, die Gottes Wahrheit in Lüge verkehrt und das Geschöpf verehrt und ihm gedient haben statt dem Schöpfer, der gelobt ist in Ewigkeit. Amen.« (1,22–23.25)

Hermann Bezzel beschreibt das so: »Wer Gott verachtet und sich allein den Gaben zuwendet, der verliert über den Gaben Gott und die Gaben dazu . . . und in dieser trauervollen Atmosphäre beginnt das Mitleid des Menschen mit sich selbst . . . und der Mensch läßt sich bemitleiden von dem, der selber allen Jammers der Gottesferne voll ist. Dieses Mitleid, das der Satan mit dem Menschen hat, bezahle ich mit meinem Leben. Wenn er mir zuruft, wie arm ich bin, weil ich einen kargen Gott habe, und wie begrenzt mein Leben ist, weil er mir nicht mehr gönnt, dann werden tausend Fragen wach. Es sind Fragen des Heimwehs, die doch nicht heim begehren . . .« (Grundfragen des Glaubens. Auf rechter Straße, S. 13).

Es ist so wichtig, daß wir diese Auswirkungen der Sünde vor Augen haben und sie nicht übergehen; denn nur dann, wenn wir dem Elend der menschlichen Sünde standhalten, können wir die Hilfe ermessen, die allein vom Evangelium in einzigartiger Weise den Menschen gegeben ist.

Und noch eins ist entscheidend wichtig: Römer 1,18–32 ist keine Anklage an den Menschen, sondern eine Bestandsaufnahme: So und nicht anders ist der Mensch! Es ist nicht erlaubt, daß wir irgendeine Sünde aus diesem Kapitel herausgreifen und auf einen Menschen zeigen, ihn anklagen und sagen: »So bist du auch!«, sondern wir haben in diesen Versen den Spiegel Gottes vorgehalten bekommen und müssen ohne Einschränkung bekennen: So sind wir, so bin ich! Und sollte jemand von sich sagen: »Diese oder jene Sünde habe ich nicht begangen, ich bin besser als der andere!«, dann will ich ihm sagen: »Aber du könntest diese Sünde begehen, auch dein Herz und dein Wesen sind so, daß du die Gabe vom Schöpfer löst, daß du in Einsamkeit umkommst und im Selbstmitleid zugrundegehst. Auch du bist preisgegeben, wie alle anderen auch!« Wer den Mut zu dieser Wahrheit nicht hat, für den verwandelt sich Römer 1 in eine Anklage, die durch keine Flucht abzuwehren ist.

Darum beginnt Paulus auch sein 2. Kapitel mit den Worten: »Darum, o Mensch, kannst du dich nicht entschuldigen, wer du auch bist, der du richtest. Denn worin du den andern richtest, verdammst du dich selbst, weil du ebendasselbe tust, was du richtest.« (2,1; bitte bis 3,20 lesen)

# IV. Gesetz und Sündenerkenntnis (3,20)

## 1. Der gute Wille

Welche Hilfe hat nun die Menschheit im Elend der Sünde? Wir erleben das Unheil jederzeit. Aber wie werden wir damit fertig? Die normale menschliche Antwort lautet: Tu etwas gegen das Böse. Tu den Willen Gottes. Tu das Gute, und dann werden wir mit dem Bösen fertig, wir werden uns vom Bösen trennen und werden uns mit dem Guten, mit Gott und dem Wahren einen!

Das klingt gut, fromm und überzeugend. Jeder sagt ja dazu, oder? Paulus kennt diese Antwort auch und geht ihr nach. Er entgegnet schließlich etwas, was weder die Juden zu seiner Zeit noch ungezählte Christen in unserer Zeit anzunehmen bereit sind. Wir wenden uns nun einem aufregenden Kapitel und einer unerhörten Antwort zu (2,1–3,20).

Wie wird man denn mit der Sünde und dem Zorn Gottes fertig? Ich sehe den Menschen, der Römer 1 gelesen hat, aufspringt und fragt: »Was muß ich denn nun tun?«

Die Antwort ist zunächst klar: Der Jude weist auf die Gottesoffenbarung am Sinai und auf die Gebote, die Gott der Herr, der immer da ist, seinem Volk gegeben hat, und sagt mit großer Freude und letzter Gewißheit: »Gott hat uns sein Gesetz gegeben. Wir haben seinen Willen gehört. Gottes Wille ist klar. Nun wissen wir, was gut und was böse ist, jetzt können wir auch tun, was gut ist!«

Wie hat Israel diese Tatsache, daß es das Gesetz hat, gerühmt und gelobt! Man lese nur einmal Psalm 119, den längsten Psalm im Alten Testament. Welch ein Loben und Rühmen, welch eine Freude bricht hier durch. Ja, man kann Israel schon verstehen, wenn es in stolzer Freude rühmen kann, was Gott seinem Volk Herrliches getan hat (siehe auch Kap. 7).

Wir Christen stimmen in dieses Lob ein; auch wir wollen doch nichts anderes tun als den Willen Gottes. In Jugendkreisen und Studentengruppen, in Gemeinden und

Hauskreisen geht es immer wieder um die Frage: »Was ist der Wille Gottes? Was muß ich tun, daß ich seinen und nicht meinen Willen tue?« Wenn wir so fragen, dann wollen wir ja gerade *nicht* sündigen, sondern die Sünde verlassen. Wer könnte uns dabei besser helfen als Gott selbst, indem er uns sein Gesetz gibt?! So ist jeder, der nach dem Willen Gottes und nach seinem Wort und Gesetz fragt, ein Mensch, der nicht das Böse, sondern das Gute will.

## 2. Der Sinn des Gesetzes

Nun macht Paulus aber im *2. und 3. Kapitel* (später auch in Kap. 7) deutlich, daß man mit Hilfe des Gesetzes auf keinen Fall mit dem Bösen und dem Zorn Gottes fertig wird. Ich gebe zunächst vereinfacht den Gedanken wieder, um den es Paulus dabei geht. Er sagt:

Alle Menschen werden nach dem Gesetz gerichtet. Ja, das Gesetz Gottes ist da, aber die Juden (und Heiden) haben es nicht gehalten. Das Gesetz hat dem Volk Israel die Einheit mit Gott *nicht* gebracht. Das Heil kommt *nicht* durch das Gesetz. Die Juden sind am Willen Gottes gescheitert.

Wörtlich heißt es dann in *Kapitel 3,20:* ». . . weil kein Mensch durch die Werke des Gesetzes vor ihm gerecht sein kann. Denn durch das Gesetz kommt Erkenntnis der Sünde!«

Die folgenden Passagen geben keine Auslegung, sondern nur eine Hinführung zu dem zentralen Gedanken, damit jeder von diesem Hauptgedanken her tiefer und tiefer in die Auslegung der Schrift hineinkommen kann.

Paulus will zeigen, warum folgendes gilt: Wir werden nicht gerecht durch das, was wir tun, sondern durch das, was Jesus an uns tut! Paulus ist dem gekreuzigten und auferstandenen Herrn begegnet und hat erfahren, daß Gott zu Jesus auf ewig ja gesagt hat. Nun will Paulus nachweisen, daß unter dieser Wahrheit Jesu das Gesetz nie und nimmer der Weg zum Heil Gottes sein kann. Paulus hat also nicht über das Gesetz nachgedacht und dabei herausbekommen, daß man es nicht halten kann, sondern er ist dem Herrn begegnet, der auch ihn, den Pharisäer Paulus, ohne gute Werke (Gesetzeswerke) selig gemacht hat. Halten wir uns also immer wieder vor Augen: Paulus kommt durch die Begegnung mit Jesus Christus zu seinen Erkenntnissen.

So kann Paulus nun nachweisen, daß die Juden zwar das Gesetz Gottes haben und es auch laut rühmen, es aber nicht tun. Nun würde ja jeder Jude sagen: »Gewiß, wir halten nicht immer das Gesetz, aber wenn wir uns richtig anstrengten und unseren Willen fest in den geistigen Griff bekämen, dann wäre das zu machen!«

Aber genau darauf will Paulus hinaus. Er will deutlich machen, daß es nicht Laschheit der Juden ist, daß sie das Gesetz nicht halten können; Gott will ihnen mit dem Gesetz deutlich machen, daß sie seinem Willen gar nicht folgen können. Anders formuliert meint Paulus:

Das Gesetz ist Gottes heiliger Wille! Und wenn Gott sein Gesetz gibt, dann hat der Mensch es gefälligst ohne Wenn und Aber zu halten. Das Gesetz ist doch nicht gegeben, damit man es nicht hält, sondern damit man sich darunter beugt und es tut, Wort für Wort, Tat für Tat. Gott will nicht, daß man das Gesetz über allen frommen und grünen Klee lobt, sondern daß man es tut. Und wenn die Juden das Gesetz loben, dann sollen sie es dadurch loben, indem sie es tun. Wenn sie das Gesetz rühmen und es nicht tun, dann wird Gottes Sache gelästert (2,23–24).

Genauso verhält es sich mit der Beschneidung, dem äußeren Zeichen der Erwählung. Die Juden sagten sich (so wie das heute viele Christen mit der Taufe tun!), wir sind doch beschnitten, wir sind erwählt. Also können wir uns auf die Erwählung verlassen, Gott wird uns schon durchbringen; er wird schon ein paar Sünden übersehen. Nein, sagt Paulus, das Bundeszeichen der Beschneidung bindet euch an das Gesetz; nun müßt ihr das Gesetz halten.

Was nun? Will Paulus seine Leser mit dem Gesetz »erschlagen«? Nein, er will den Leser, sei er Jude oder Heide (Nichtjude), überführen. Er will eine harte Wahrheit deutlich machen: Der Mensch kann das Gesetz gar nicht halten, so verloren ist er. Und Gott gibt dem Menschen das

Gesetz, damit der Mensch erkennt, daß er nie und nimmer vor Gott bestehen kann.

Während die Juden und die sogenannten »anständigen Leute« immer noch meinen, es läge eigentlich nur an unserem guten Willen, den wir einsetzen müßten, macht Paulus klar: Auch der beste Wille wird das Gesetz Gottes nicht einhalten. Und je besser ein Mensch sein möchte, um so mehr muß ihm aufgehen, wie unendlich weit er von der Übereinstimmung mit Gott entfernt ist.

Ich denke an Martin Luther. Wie hat dieser Mann versucht, die Gebote Gottes und die Forderungen der Kirche zu halten! Aber je mehr er die Gebote halten und den Forderungen der Kirche nachkommen wollte, um so deutlicher sah er den abgrundtiefen Graben, der sich zwischen ihm und Gott auftat. Da stand im Leben dieses jungen Mannes der Haß gegen Gott auf. Er sah nur noch den Gott, der unerreichbar war.

Jeder wird das erleben, wenn er wirklich einmal ernst macht mit Gottes heiligem und gutem Willen: Wir werden an den Geboten Gottes erfahren, wie unwillig und widerspenstig wir sind. Wer nie den Willen Gottes tun wollte, der weiß das nicht. Wer nur die »billige Gnade« (D. Bonhoeffer) wollte, weil er meinte, er brauche Gott nicht zu gehorchen, Gott liebe ihn ja und es sei schon alles in Ordnung, der weiß gar nicht, wovon hier geredet wird. Aber wer ernst machen will und sein Leben unter die Macht des lebendigen Gottes stellt, der muß mit Schrecken erfahren, wie verkommen und dunkel sein Herz ist. Unter dem Willen Gottes erleben wir, wie unfähig wir sind, und daß etwas Gottwidriges in unserem Herzen lebt. Wir erleben unsere Sünde, und wir erleben den Fluch, nämlich Gottes Zorn!

So schreibt Paulus: »Wir wissen aber: was das Gesetz sagt, das sagt es denen, die unter dem Gesetz sind, damit allen der Mund gestopft werde und alle Welt vor Gott schuldig sei, weil kein Mensch durch die Werke des Gesetzes vor ihm gerecht sein kann. Denn durch das Gesetz kommt Erkenntnis der Sünde.« (3,19–20; »Fleisch« meint den Menschen, der unter der Sünde und unter Gottes Zorn lebt.)

»Was sollen wir denn nun sagen? Ist das Gesetz Sünde?

Das sei ferne! Aber die Sünde erkannte ich nicht außer durchs Gesetz. Denn ich wußte nichts von der Begierde, wenn das Gesetz nicht gesagt hätte ›Du sollst nicht begehren!‹ Die Sünde aber nahm das Gebot zum Anlaß und erregte in mir Begierden aller Art; denn ohne das Gesetz war die Sünde tot« (7,7–8; bitte bis V. 25 weiterlesen).

So kommen wir zu der merkwürdigen Erkenntnis: Gott gibt das Gesetz, damit wir dann, wenn wir ihm zu folgen versuchen, erleben, wie unfähig zum Guten wir sind und wie gerade an dem guten Gesetz der Widerstand gegen Gott aufsteht. Anders gesagt: *Die Erkenntnis der Sünde entsteht nicht durch die Sünde, sondern durch die Begegnung mit Gottes Gebot.* Oder: Wer besonders gut sein möchte und stets nach dem Willen Gottes fragt, der wird erfahren, wie böse er ist und wie selbstherrlich sein eigenes Wesen sich gegen Gott behauptet.

Übertragen Sie einmal diesen Gedanken auf Ihr eigenes Leben. Denken Sie einmal an jene Stunden, als Sie Gott besonders gefallen wollten! Sehen Sie sich jene Weltverbesserer an, die aus gutem Willen und ehrbarem Eifer dieser Welt Gutes und Gerechtes bringen wollten, seien es Kommunisten oder eifrigen Muslime, die Saubermänner der Inquisition oder Friedensmacher in unserer Zeit. Stets muß der Mensch etwas Unheimliches erfahren: Wer unbedingt das Gute will, muß erleben, wie das Böse in ihm und bei anderen aufsteht.

Der ägyptische Präsident Anwar el Sadat zum Beispiel wollte für sein Volk die Versöhnung und den Frieden. Er erreichte die Aussöhnung mit Israel, handelte sich damit aber den Haß der arabischen Welt ein. Er wollte etwas Gutes und erlebte darin das Böse – und wurde ermordet. Was ist das für eine Welt, was sind wir bloß für Menschen, daß wir in solchen unheimlichen Widersprüchen leben?!

Wir spüren, daß Paulus hier nicht einige religiöse Floskeln ausspricht, sondern den tiefen Schaden des Menschen beim Namen nennt. Er deckt den Abgrund in unserem Inneren auf. Und darum muß Paulus dieses Besinnen über »Gesetz Gottes« und »Tun des Menschen« mit dem schrecklichen Eingeständnis der Ausweglosigkeit beschließen. Er schreibt in Kapitel 7,24: »Ich elender Mensch! Wer wird mich erlösen von diesem todverfallenen Leibe?«

Ich will dieses Nachdenken über das Gesetz noch einmal mit folgenden Worten beschreiben:

Der Mensch kann nicht wie ein Tier dahinleben, vom bloßen Instinkt getrieben. Er ist sich als Du bewußt, er hat Geist. Er muß geistig, bewußt leben; er muß den Anschluß an das zeitliche Du, das sind die Menschen um ihn herum, und an das ewige Du, das ist Gott, suchen und finden. Geist will Einheit mit dem Geist. Darüber kann der Mensch nicht mehr entscheiden, das ist für ihn entschieden.

Und während der Mensch nun diese Einheit mit Gott sucht und, durch die Offenbarung der Zehn Gebote am Sinai geweckt, auch bereit ist, den heiligen Willen Gottes zu tun, muß er entsetzt und tief beschämt feststellen: Ich wollte und will zu Gott, aber je mehr ich das will und je intensiver ich das Menschsein im Geist leben will, um so unendlicher wird der Abstand zu Gott, zum Guten und zum Wahren.

## 3. Das Scheitern des Menschen

So kommt der Mensch in eine unlösbare, unerlöste Unruhe: *Den Gott, den er will, den erreicht er nicht* (das gilt auch für das Gute, Wahre und Schöne!), *und das Triebhafte, das in ihm ist, das kann er als letzte, bestimmende Größe nicht mehr wollen!* Diese Wahrheit seines Unerlöstseins muß der Mensch hören, erkennen und für sich annehmen. Darum geht es Paulus. Und damit gibt er auch für alle Zeiten den Menschen diese Wahrheit weiter: Du Mensch, du wirst und mußt scheitern, wenn du aus eigenen Kräften einen Ausweg aus diesem Dilemma und dieser Unerlöstheit finden willst. Wenn du meinst, du könntest Seinen heiligen Gotteswillen tun, wirst du daran zugrunde gehen. Man denke an die starre und zukunftsfeindliche Lebensweise des orthodoxen Judentums bis in unsere Zeit oder an den verzweifelten Versuch des Islam, Staaten nach dem Willen Allahs zu regieren, wobei es zu schrecklichem Morden kommt (Iran).

Wenn der Mensch meint, mit Hilfe seiner Vernunft dem

Wesen der Welt auf den Grund zu kommen, um dann der Geschichte und der Menschheit eine neue Prägung aufzuzwingen (der letzte große Versuch war und ist der Kommunismus!), so muß er auch damit scheitern; auch die grandiosesten und wissenschaftlich abgesicherten Versuche endeten in einem Meer von Blut und Tränen.

Wenn der Mensch den Weg der inneren Versenkung, der Mystik und des radikalen Absterbens aller triebhaften Mächte anstrebt, dann wird er den Frieden Gottes nicht erreichen; er wird die Liebe, die allen Haß und alle Widersprüche überwindet, nicht finden; er wird scheitern!

Sich mit Geschichte zu beschäftigen heißt ja nicht nur, Zahlen über einige Kriege und Politiker zu lernen, sondern auch zu sehen, wie die Menschheit tatsächlich gescheitert ist und scheitern mußte. Denn wir haben es mit dem Zorn Gottes zu tun, der von keinem Menschen überwunden wird. (Das läßt sich auch in der eigenen Lebensgeschichte erkennen, in der Familiengeschichte, der Geschichte der Kirche und einer Gemeinde.) Wer den Zorn Gottes überwinden will, wer versucht, in die ewige Einheit mit dem Guten, Wahren und Schönen zu kommen, der wird es immer und immer wieder erleben müssen: Es geht nicht!

Damit stehen wir zum Schluß dieses Kapitels vor der einfachen Frage an den Apostel: Paulus, warum sagst du uns das alles? Was willst du eigentlich? Willst du uns quälen? Willst du uns demaskieren und somit jeden Schwung fürs Leben nehmen? Willst du uns zeigen, wie verloren und verlogen wir sind, damit wir alle klein beigeben?

*Paulus will die Stunde der Ernüchterung über unser Wesen und über unseren Zustand deshalb erreichen, damit wir das Ziel des Evangeliums zu sehen bekommen.* Oder besser: *Weil Paulus von dem Ziel des Evangeliums überwältigt ist, kann er uns diese Ernüchterung zumuten.* Und das Ziel und die Mitte des Evangeliums lauten: Unser Heil liegt in Jesus Christus. In ihm verbirgt sich das Ende des Fluches, der über uns allen liegt. Nur in ihm! Paulus fährt fort:

»Nun aber ist ohne Zutun des Gesetzes die Gerechtigkeit, die vor Gott gilt, offenbart, bezeugt durch das Gesetz und die Propheten. Ich rede aber von der Gerechtigkeit vor

Gott, die da kommt durch den Glauben an Jesus Christus zu allen, die glauben.« (3,21–22)

Darauf eilt Paulus zu, das ist sein Thema: das Heil für diese Welt – Jesus von Nazareth. Er hat die Macht der Sünde und die Macht des Zornes an sich ertragen und damit ausgelöscht.

Auf dieses Geheimnis Jesu geht Paulus zu und nimmt uns alle mit. Hier, im Geheimnis des Kreuzes und des leeren Grabes, ist das Heil geschehen. Im Namen des gegenwärtigen Herrn ist es da.

*Schlußfolgerungen:*
– Es gibt keine tiefere Sündenerkenntnis, als sie Paulus hier beschreibt. Er hat sie nicht aus der Analyse des Menschen gewonnen, sondern aus der Begegnung mit dem Heil Jesu: Wenn Gott solch ein Opfer bringen mußte, dann müssen die Verlorenheit des Menschen und der Zorn Gottes unvorstellbar sein.

– Die Hölle, das sind nicht die anderen, sondern wir; das bin ich. Um diese Nüchternheit geht es. Im Grauen des KZ haben nicht nur die SS oder einige Deutsche ihre Grausamkeit an den Juden ausgelassen, sondern hier wurde sichtbar, was in uns Menschen verborgen ist. Das kann jeden Augenblick bei jedem von uns und in jedem Volk aufbrechen. Die Abdichtungen zur Hölle sind nur ganz dünn. Wer hätte das nicht in seinem Leben erlebt? Es wird nötig sein, daß wir in großer Ehrlichkeit und Barmherzigkeit neu sehen und beurteilen lernen.

– Die Pädagogen tun gut daran, sich vor Augen zu führen, was Erziehung vermag und was nicht. Die Richter und Anwälte sollen sich von hieraus zeigen lassen, wo sich die tiefsten Nöte verbergen, mit denen sie es in ihren Prozessen zu tun bekommen.

– Wer sich Gedanken über den Hintergrund von Mißtrauen und Militär macht, von Aufrüstung und Bedrohung, von Kriegen und Morden, der muß diese Einsicht des Paulus an sich heranlassen. Wir Menschen sind hoffnungslos ausgeliefert. Wir wollen es nicht wahrhaben, aber wir wissen im Grunde genau: Paulus hat recht.

# V. Die neue Gerechtigkeit (3,21–4,25)

Wir kommen nun zu der Hauptaussage, die Paulus den Menschen zu bieten hat und verkündigen muß:

»Nun aber ist ohne Zutun des Gesetzes *die* Gerechtigkeit, die vor Gott gilt, offenbart, bezeugt durch das Gesetz und die Propheten« (3,21).

## 1. Überblick

Zunächst ein kurzer Überblick über den Abschnitt und über unsere Gedankenschritte:

Im Text von *Kapitel 3,21–4,25* geht es Paulus um die Erkenntnis, daß das Heil in Jesus Christus, die Gerechtigkeit Gottes, nicht von Menschen gedacht, gemacht oder gewollt werden kann.

Verstand und Wille haben nicht die Kraft, das Gottesverhältnis wieder in Ordnung zu bringen; das schafft nur Gott allein. Er muß den Zorn aufheben, er muß die Macht der Sünde brechen und dem Menschen den Zugang zu sich selbst freimachen.

Damit ist viel über die Lage des Menschen und über die Liebe Gottes zum Menschen gesagt: Die Lage des Menschen ist aussichtslos, aber das Heil, das Gott schenkt, ist aussichtsreich. Die Frage heißt nur, ob der Mensch sich dieses Heil schenken läßt, oder ob er sich ein eigenes Heil machen will.

Die gedanklichen Schritte im einzelnen:

*3,21–26:* Der Glaube an Jesus Christus macht gerecht, weil mit Jesus die Gnade der Erlösung kommt.

*3,27–31:* Weil Gott alles schenkt, hat der Mensch keinen Ruhm. Er hat nichts, was er zu diesem Heil beitragen könnte. Das gilt für den Juden wie den Heiden.

*4,1–5:* Paulus führt nun den Schriftbeweis: Auch im Alten Testament wurde das Heil, die Gerechtigkeit Gottes, geschenkt und nicht verdient oder gemacht. Israel muß sich von Abraham aus verstehen und nicht von Mose.

*4,6–8:* Auch der König David hat seinen Segen nicht verdient, sondern ihn als Geschenk angesehen. Keiner der Väter meldete einen Anspruch auf den Segen an, sondern er wurde ihnen geschenkweise zuteil.

*4,9–22:* Die gesamte Geschichte Abrahams ist nur vom Glauben her zu verstehen, nicht vom Gesetz. Der Vater des jüdischen Volkes wurde durch Verheißung Gottes zum Vater des Volkes, und er hat Gott dies geglaubt, bevor es geschah. So wurde Abraham gerecht.

*4,23–25:* Der Glaube Abrahams, der alles von Gott erwartete, und der Glaube der Christen, der auch alles von dem Heil erwartet, das Gott in Jesus Christus schenkt, entsprechen sich.

So weist Paulus nach, daß die Botschaft vom Gesetz (Gesetz meint jetzt das gesamte Zeugnis des Mose, in dem ja auch die Geschichte des Abraham steht, vgl. 1. Mose 3f.) gerade jetzt erst richtig verstanden wird, wenn man vom Glauben spricht. Darum heißt es in Römer 3,31: »Wie? Heben wir denn das Gesetz auf durch den Glauben? Das sei ferne! sondern wir richten das Gesetz (den eigentlichen Sinn des Gesetzes) auf.« Diese Aussage mußte für den gläubigen Juden eine ungeheuerliche Zumutung gewesen sein, denn er hatte doch das Gesetz Gottes lieb und wollte es tun, um so Gott zu gefallen. Aber Paulus stellt die ganze Heilsgeschichte wieder auf die Füße, indem er feststellt:

Bei Gott ist immer zuerst die Verheißung. Und diese Verheißung verlangt Glauben daran, daß Gott seine Verheißung wahrmacht. Damit hat der Glaubende nur zu empfangen und überläßt es Gott, was Er macht und will.

Wir wollen nun genauer sehen, was Paulus unter der neuen Gerechtigkeit versteht, wie Gerechtigkeit im Alten und im Neuen Testament verstanden wird, was es bedeutet, daß Jesus die Gerechtigkeit Gottes ist, und was daraus für uns folgt.

## 2. »Nun aber . . .«

Es ist, als ob mit diesem Vers ein gewaltiger Gong ertönte, um die ganze Menschheit zum Aufwachen zu bringen, denn was jetzt verhandelt wird, ist vorher noch nie gesagt und gehört worden. Alles, was bisher vom menschlichen Geist ersonnen war, wird nun überholt und damit »alt« gemacht, denn Paulus offenbart eine Gerechtigkeit, die nicht mehr darauf beruht, daß wir Menschen gerecht sind, sondern daß Gott selbst uns gerecht macht! Das ist neu und wird bis in Ewigkeit nicht überholt sein.

Alles in der Welt unterliegt dem Wandel, darum wird alles Geschehen vom nächsten Geschehen überholt; darum müssen die Dinge verrosten und die Gedanken veralten. Aber diese Gerechtigkeit Gottes (Luther übersetzt den Genitiv mit der erklärenden Unterstreichung »die Gerechtigkeit, die *vor* Gott gilt«; damit will er allen anderen Auffassungen von Gerechtigkeit – siehe unten! – entgegentreten) wird in Zeit und Ewigkeit durch nichts mehr überholt werden können. Diese Gerechtigkeit ist »alle Morgen neu« und hat im Himmel und auf Erden und in der Hölle absoluten Wert.

Wir können das Heil in Jesus Christus niemals überschätzen, sondern immer nur unterschätzen. Unser Glaube umfaßt Unfaßliches. Wir werden in den kühnsten Gedanken nicht begreifen, was wir da denken müssen, wenn wir vom Evangelium in Jesus Christus sprechen. Die unendlich vielen Bücher, die in der Geschichte der Christenheit geschrieben worden sind, geben Zeugnis davon, wieviel darüber nachgedacht wurde und wieviel wir über unseren Glauben zu sagen wissen. Das alles bleibt nur ein Versuch, und doch müssen wir, vom Geist Gottes angetrieben, immer wieder versuchen, über dieses Geheimnis Jesu nachzudenken.

*Nun aber* ist der Menschheit etwas geschenkt. Mit diesem Geschenk müssen wir Menschen fertigwerden. Jeder versucht es auf seine Weise. Das Geschenk ist Jesus von Nazareth. In ihm verbirgt sich ein Geheimnis, und wir Menschen sind darauf angewiesen, daß der Geist Gottes uns dieses Geheimnis erschließt. Wir wissen viel von Ihm, aber erkennen – verstehen – doch noch so wenig. Wir sprechen so viel von Ihm, aber die Tiefe Seines Wesens wird nur erschlossen, wenn Er sich offenbart – Er offenbart sich gerne.

Paulus kann sagen: *Nun aber* ist mir das Geheimnis erschlossen worden. Er gesteht selbst, »stückweise« (1.Kor. 13,12) erkenne er das Geheimnis Jesu. Aber bereits dieses Stück ist für uns eine große Herausforderung und ein gewaltiger Reichtum. Er reichte aus in den zweitausend Jahren Kirchengeschichte. Mit diesem Satz sind unendlich viele Menschen tief beglückt worden. Ungezählte sind in ihrem Sterben getröstet worden, weil sie ein wenig von diesem Geheimnis Jesu erkannt haben. Eine große Zahl ungenannter Boten hat für dieses Geheimnis Jesu ihr Leben gegeben.

*Nun aber,* seit dieser Zeit, hat die Menschheit eine neue Zählung. Früher rechnete jedes Volk seine Zeit nach einem König oder einem Helden, *nun aber* rechnen wir in der Weltgeschichte nach dem Datum Christi. Vor Jesu Geburt hielt die Welt Ausschau, ob jemand da sei, der die Menschen liebt, nun aber wissen wir, wie diese ewige Liebe heißt! Vor der Zeitenwende wußten die Menschen nicht, woher sie kamen und wohin sie gingen, *nun aber* wissen wir, wo das Ziel der Zeiten liegt.

Wir Menschen erleben stets das Dunkel des Widerspruchs und die Nacht des Abgrunds, der in uns allen tobt. Was haben die Völker alles versucht, um mit diesen Abgründen fertigzuwerden. Es blieb und bleibt aber immer das größte Rätsel Mensch, das so unfaßbar und unergründlich ist. *Nun aber* kam Er und »hat sich unser herzlich angenommen«. Jetzt müssen wir nicht mehr an dem verzweifeln, was wir sind und was wir nicht sind, denn Er hat sich nicht geschämt, unser Bruder zu sein. Jetzt sind wir nicht mehr allein, sondern gewollt und geachtet.

Paulus verkündigt das Neue: Es ist kein Gedanke und kein System, keine Weltverbesserung und kein neues »Du sollst«, sondern Jesus, der Meister des Heilens, der Liebende Gottes, in dessen Gegenwart ein Mensch sein schönstes Gesicht bekommt. Denn diese Liebe Jesu macht auf eine geheimnisvolle Weise schön, weil sie nicht anklagt, sondern freispricht und ein gutes, wohltuendes Ja sagt, das uns alle bis in den Himmel trägt.

## 3. Die Gerechtigkeit im Alten Testament

In 3,21 wird auf das Alte Testament Bezug genommen: »Nun aber ist ohne Zutun des Gesetzes die Gerechtigkeit, die vor Gott gilt, offenbart, bezeugt durch das Gesetz (die 5 Bücher Mose) und die Propheten.«

Paulus will zunächst nachweisen, daß im Alten Testament auch nicht das »Tun« des Menschen den Segen und das Heil Gottes brachten, sondern daß Gott es war, der seinen Segen schenkte, und daß die Gesegneten immer Glaubende waren. Ja, sie waren nur darum gesegnet und beschenkt, weil sie Gott aufs Wort geglaubt haben. Wenn sich ein Mensch von Gott beschenken läßt, dann hat er keinen eigenen »Ruhm« (3,27), keine eigene Ehre. Er kann auch nichts vorweisen, sondern er verweist auf Gott, auf seine Güte und Treue.

Das galt für das ganze Volk Gottes, das galt für die Väter Abraham, Isaak, Jakob und seine Söhne. Das galt für Mose, für die Landnahme, und besonders für König David. Was hat dieser Mann an Segen erlebt, aber was hat er auch an Sünde getan! Und doch hat Gott ihn mit dem großen Segen der Verheißung beschenkt (nachzulesen in 2. Sam. 7) und ihn nicht fallengelassen. Wenn Gott bei diesen Männern und Frauen des Alten Bundes »gesetzlich« nachgeprüft hätte, ob sie Gott wohlgefällig waren, wo wären sie geblieben?

So kann Paulus darauf verweisen: Das ganze Alte Testament lebt aus der Verheißung Gottes und aus dem Geschenk. Es ist, als wollte Paulus den Juden in Rom und an allen Orten sagen: »Ich weiß gar nicht, warum ihr Euch so aufregt, wenn ich das Tun des Gesetzes nicht für das Allerheiligste ansehen kann; denn der ganze Segen Israels lebt doch gar nicht aus dem, was wir tun, sondern von dem, was Gott tut! Gott hat doch seine Gerechtigkeit nicht darin erwiesen, daß er uns gegeben hätte, was wir verdienten, sondern er hat uns doch immer geschenkt, was wir nicht verdient hatten. Er gab doch seinen Segen immer umsonst! Oder nicht?«

Auf diesem Hintergrund muß man die Auseinandersetzung verstehen, die Paulus hier führt: Er macht deutlich, daß er das Alte Testament nicht gegen sich, sondern für sich hat. Und wer immer mit der Gerechtigkeit durch das Tun argumentiert, hat gar nicht die Kronzeugen des Volkes Gottes auf seiner Seite. Paulus weist auf Abraham. Jeder Jude kannte und kennt die Geschichten auswendig und weiß, daß Abraham den Stammvater Israels darstellt und daß es Israel gar nicht gäbe, wenn es Abraham, Sara und jenen Sohn nicht gegeben hätte, den Gott ihm verheißen hat. Israel kam aus dem Nichts, aus dem Leib einer alten Frau und eines alten Mannes. Das ganze Volk gibt es nur, weil ein Mann einer unglaublichen Verheißung glaubte. Nicht das Gesetz hat Abraham zu dem gemacht, was er war, nicht die Beschneidung, sondern die Zusage Gottes. Dieser Zusage hat er geglaubt, und damit begann das Geheimnis der jüdischen Geschichte. Vergessen wir das nie!

So kann Paulus mit Fug und Recht darauf verweisen, daß das Gesetz des Mose wirklich »dazwischen hineingekommen ist« (Röm. 5,20), aber die Melodie des Segen wird getragen von der Verheißung Gottes und dem Glauben, der dieser Verheißung Gottes in jeder Lage der Geschichte traut!

Damit ist aber auch für alle Zeiten ausgesagt, daß man dem Geheimnis eines erfüllten Lebens immer dort begegnen wird, wo Gott seine Verheißung gibt und ein Mensch ihr glaubt. Es liegt für jeden von uns fest, wo der Glanz eines gesegneten Lebens liegt: Dort, wo Er es ganz gewiß verspricht: in seinem Sohn.

So schlägt sich ein großer Bogen durch die Zeiten. Gott, der dieses Leben begründete, wird es auch selbst erfüllen. Er wird es dort erfüllen, wo er will, und nicht, wo der gesetzestreue Jude, der willensstarke Idealist oder der beugungsbereite Moslem Gott sucht. Er kommt nicht in der Hoheit der Gedanken oder im Sturm der Revolutionen, nicht im Angebot der Industriegesellschaft oder in der Ungeduld der religiösen Eiferer. Er kommt im Geheimnis des Kreuzes Jesu. Denn hier hebt er den Schaden auf, der alles Leben verdirbt. Dies alles aber war längst im Gesetz und in den Propheten gesagt.

## 4. Die Gerechtigkeit im Neuen Testament

Paulus will diese Wahrheit offenbaren: Wie Gott dem Abram (so hieß er damals noch) eine gewaltige Nachkommenschaft aus dem Nichts versprach, so verspricht er durch Jesus Christus, daß er einen ewigen Frieden, unzerstörbares Heil und unsterbliche Liebe mit seinem Leiden und Sterben geben will.

Abram bekam das Wort als Zusage, wir bekommen Jesus als Zusage und Gabe Gottes. Abram nahm das Wort, glaubte und wurde so gerecht. Wir nehmen das Wort von Jesus und damit Jesus selbst auf und werden damit gerecht.

Bei Abram war Gott der allein Handelnde, im Kommen Jesu ist er es auch. Abram war der Empfangende, wir sind es auch. Abram verließ sich auf das, was Gott gesagt hatte, und erfuhr einen gewaltigen Segen. Wir verlassen uns auf das Leiden und Sterben Jesu und erfahren einen Segen, den die Welt nicht kennt. Jedes Mal geht es bei der »Gerechtigkeit, die vor Gott gilt«, um das Tun und Geben Gottes und um das Nehmen und Stillhalten des Menschen. Immer ist Er der Gebende, und wir sind die Empfangenden. Abram bekam nicht ein Gesetz, das er halten sollte, sondern eine Verheißung, die Gott erfüllen wollte. Abram sollte dieser Verheißung glauben, nicht mehr und nicht weniger. Das Verhältnis zu Gott wird »richtig«, wenn wir ihm glauben, was er verspricht, wenn wir glauben, daß Gott ein lebendiger Gott ist und aus »erstorbenen Leibern« Leben schaffen kann (4,17.19).

Gott sagt, daß er für uns da ist. Nun erwartet er, daß wir ihm *das* glauben und wie Kinder »fromm und fröhlich« werden, anstatt uns in unseren Sorgen zu vergrämen. Er stellt uns das Kreuz seines Sohnes vor Augen und verspricht: Da ist mein Friede für euch! Er erwartet, daß wir ihm das glauben! Er zeigt uns das leere Grab und sagt: »Dein Heiland ist von den Toten auferstanden, damit auch du von deinen Sünden und vom Tod erlöst wirst, um ewig bei mir zu sein!« Er will, daß ich ihm das glaube und zu ihm flüchte, sein Eigentum werde und von ihm die Erlösung empfange.

Die Botschaft von Jesus Christus will in mir Vertrauen zu Gottes Tat wecken. Ich kann nicht von mir aus glauben, und ich kann mich auch nicht einfach entscheiden, wann ich will, sondern nur dann, wenn mir diese Botschaft verkündigt wird. Dann kann ich sagen: »Wenn Du, Herr Jesus, das Heil Gottes bist, dann will ich nichts mehr mit anderen Heilsversprechungen zu tun haben, Du allein sollst nun mein Heil sein.« So werde ich gerecht gemacht.

Noch ein Wort dazu, was Glaube bedeutet: »Ich glaube« heißt immer, ich antworte auf die Botschaft vom Heil und *will* das auch glauben. Evangelium ist keine nette Unterhaltung, sondern ein Angebot des Heils. Es ist immer auch ein letzter Anspruch des Heilandes, der mich aus dem Unheil ins Heil erlösen will. Diesem Anspruch folge ich auch und *will* glauben.

Wer sagt, er habe zwar das Evangelium gehört, ihm fehle jetzt nur noch der Glaube, und auf den wolle er warten, bis er einträfe, der kann lange warten! Es gibt Leute, die wollen nicht glauben und wundern sich, daß keine Macht der Welt sie an ihrem Wollen hindert.

Ich wiederhole: Es ist ja wahr und bleibt unbestritten: Das Evangelium weckt den Glauben, und nur das Wort vom Heil kann den Menschen für ein Vertrauen an Jesus Christus wachmachen. Aber wo dieses Vertrauen geweckt ist, da soll man den Menschen auch auffordern, nun zu wollen, wozu ihn das Evangelium wachgemacht hat. Die Frage heißt nicht, ob ich alles verstehe, sondern ob ich dem Heil Jesu trauen will oder nicht.

Wir werden in Gesprächen und Seelsorge oft lange Wege des Klärens und des Zuspruchs gehen müssen. Aber wir wollen nie vergessen, daß ein Augenblick kommen wird und kommen muß, wo ich einen Menschen zu fragen habe: »Kannst du und willst du diesem Heil vertrauen?« Es gibt auch ein Zögern, das nichts mehr mit fehlender Erkenntnis, sondern mit fehlendem Willen zu tun hat! Glaube und Bereitschaft, sich zu öffnen und hinzugeben, gehören unauflöslich zusammen, wenn das ganze Evangelium sich nicht in einem Gedankenspiel auflösen soll!

Abraham hatte die Verheißung Gottes gehört. Damit

wurde er gefragt, ob er glauben konnte und wollte, daß der lebendige Gott aus alten Leibern neues Leben zu schaffen vermag. In diesen Stunden hat Abraham nicht seinen und seiner Frau Sara Leib angesehen (4,19); er hat auch nicht verzweifelt aufgestöhnt und gejammert: »Wo bekomme ich bloß so einen Glauben her?«, sondern er hat dem lebendigen Gott geglaubt, daß er aus nichts etwas Herrliches machen kann. Abraham zweifelte nicht und glaubte Gott das menschlich Unglaubliche.

Das ist der Glaube, der Gott zutraut, daß Gott Gott ist und aus dem Nichts Sein Werk schaffen kann. Darauf antwortete Gott: »Du wirst empfangen, was ich versprochen habe und was du mir geglaubt hast!«

So empfängt der Glaubende das Heil Gottes. Das war bei Abraham so, und das wird bei Gott immer so bleiben: Er verspricht sein Heil, und wir haben das zu glauben und ihm abzunehmen! Dies ist die »Melodie des Heils«.

Paulus geht es einzig und allein darum, daß Israel seine eigene Melodie wiederentdeckt! Aber Israel hat das Thema gewechselt: Es möchte durch das Tun des Gesetzes etwas zum Heil mitbringen und hat dabei die Gabe verpaßt, die Gott jetzt gegeben hat: Jesus Christus!

Gott sagt: »Dies ist mein lieber Sohn, an dem ich Wohlgefallen habe; den sollt ihr hören!« (Mt. 17,5) Gott zeigt auf das Kreuz von Golgatha und auf das leere Grab, zeigt immer und immer wieder auf Jesus Christus und sagt: Das ist mein Heil, für euch gegeben!

Israel antwortet: Nein! Dieser Jesus ist nicht das Heil. Die Christen glauben und sagen: Dies ist Gottes Heil! Und nun geschieht das Seltsame: So wie damals Abraham seinem Gott das Unglaubliche glaubte, so glauben die Christen Gott nun auch das Unglaubliche. Abraham glaubte, daß Gott aus einem toten Leib neues Leben schaffen kann. Die Christen glauben, daß der gekreuzigte Jesus der lebendige Retter Gottes ist.

Nun singen die Christen die Melodie des Glaubens, die Abraham einst begonnen hat, und die Juden haben ihr Thema gewechselt und singen das Gesetz.

Ich wiederhole: Paulus will an Abraham deutlich machen, daß die Christen genauso aus dem Geschenk leben wie Abraham; die Juden haben Abraham verlassen und wollen nun mit dem Gesetz vor Gott und der Welt richtig sein! Paulus sagt den überraschten Juden: Wer an Jesus Christus glaubt und sich von ihm beschenken läßt, der lebt in der Gerechtigkeit Gottes. Kinder Abrahams sind also jene, die glauben wie er und die gerecht gemacht werden wie er. Deshalb sind die Christen Abrahams Kinder »dem Geiste nach« (4,11.16).

## 5. Jesus Christus ist die Gerechtigkeit Gottes (4,25)

Worin besteht diese Gerechtigkeit Gottes für uns Christen (siehe auch Erläuterung zu 1,16–17)?

### a) Gott wird Fleisch

Gott kommt zu uns Menschen »im Fleisch«, das heißt er nimmt unser Menschsein an und macht unser Menschsein in all seinen Höhen und Tiefen durch. Er muß auch alle Versuchungen der Hölle an sich erleben (Mt. 4,1–11) und »in der Gestalt des sündigen Fleisches« zu uns kommen (Röm. 8,3). Hier begann das Geheimnis der Versöhnung Gottes, daß er in unser Sündersein kam und dennoch als Gott niemals zur Sünde ja gesagt hat. Paulus schreibt in 2.Kor. 5,21 »Denn er hat den, der von keiner Sünde wußte, *für uns zur Sünde gemacht*, damit wir in ihm die Gerechtigkeit würden, die vor Gott gilt«. Er kam nicht als idealer Mensch, der anderen zeigt, wie man richtig lebt. – Gewiß kann ich die Hoheit des Menschen an Jesus ablesen, aber wer nur das sieht, der sieht zu wenig. – Er ist in unsere Gottesferne gekommen, in unsere Sünde und Hölle, da liegt die erste Erkenntnis über die Versöhnung.

An dieser Stelle irren alle, die Jesus dazu benutzen wollen, um bestimmte politische, soziale oder moralische Ziele zu erreichen. Dazu ist Jesus nicht da und dazu ist er nicht gekommen. Er ist gekommen, um zuerst unser Sündersein zu ertragen und durchzumachen. Gott wird in Jesus Christus Fleisch. Er kommt uns so wirklich nahe. Er wird wie ich. Dies ist der erste Schritt zur Versöhnung und zur Gerechtigkeit.

### b) Gott richtet die Sünde

Gott schickt seinen Sohn ans Kreuz und verdammt hier alle Sünde der Welt. Diese Tat von Golgatha offenbart, daß der heilige Gott gerecht ist und gerecht bleibt. Sünde muß Sünde genannt werden, und sie muß gerichtet und verdammt werden. Dies geschieht am Kreuz: Der Vater opfert den Sohn in seinem eigenen Gericht und bleibt gerecht.

Wir können diese Wahrheit nur erfassen, wenn wir stets die Verheißung von Jesaja 53 in Erinnerung haben. Wer nichts von der Last dieser Welt weiß, von Gott und seiner Heiligkeit, der wird nichts begreifen. Wer nach Wahrheit fragt, der bete Ihn an und bitte um Erkenntnis dieser Wahrheit, daß Gott für ihn sterben muß, um sich mit uns und uns mit sich zu versöhnen. Wahre Theologie wird betend studiert.

Am Ostermorgen jedoch rechtfertigt der Vater den Sohn und weckt ihn von den Toten auf. Nun wird es offenbar vor der Hölle, dem Himmel und der Geschichte: Am Kreuz von Golgatha ist Jesus nicht gescheitert, sondern Gott hat in seinem Sterben sein Gericht gehalten. Hier hat er seinen Zorn gestillt. Hier wurden die Mächte der Hölle und des Todes besiegt. Als Jesus starb, da hat Gott an uns und für uns alle gehandelt. Am Ostermorgen siegte er über alle Mächte. Nun ist der Weg zu Gott frei.

Jetzt kann der Mensch auf die Seite Gottes treten und ihm glauben, wie ein Kind dem Vater glaubt! Nun kann der Mensch die Sündenmacht, die dämonischen Mächte und die Kräfte des Todes verlassen. Sie können ihn nicht mehr halten. Wo Jesu Ruf laut wird, kann der Mensch zu ihm gehen und allen Mächten der Finsternis absagen. Jetzt ist der Mensch frei zu einem Verhältnis der Liebe und des Vertrauens zum Sohn und zum Vater. Er steht unter einem ewigen und bedingungslosen Ja Gottes. Im Kreuz von Golgatha und in der Macht des auferstandenen Herrn ist der

Mensch frei zu einem neuen Leben mit Gott, in Gott und für Gott. Mit Christus, in Christus und für Christus. Nun ist der Mensch gerecht. Wenn er dieser Tat Gottes von Herzen glaubt, ist der Mensch für Zeit und Ewigkeit heil. Sünde, Tod und Teufel können uns anfechten, aber von Jesus Christus lösen können sie uns nicht mehr. »Er hat zuviel an uns gewandt, um uns wieder loszulassen!«

Nun kann geschehen, was vorher nie in der Menschheitsgeschichte möglich war: Der Mensch erlebt den tiefsten Frieden mit Gott. Um es persönlich zu sagen: Durch Jesu Versöhnung bin ich des Vaters liebstes Kind. Er ist mein und ich bin sein; wir werden niemals geschieden sein.

An dieser Stelle jubelt Paulus auf: »Da wir nun gerecht geworden sind durch den Glauben, haben wir Frieden mit Gott durch unsern Herrn Jesus Christus!« (Röm. 5,1)

*Schlußfolgerungen:*
– Die deutsche Sprache hat eine Veränderung bei dem Wort »Glauben« durchgemacht, die sich negativ auswirkt. Wer heute vom Glauben spricht, der meint unzuverlässige Ahnungen oder ähnliches.

Wir sollten ab heute nie mehr gedankenlos dieses Wort gebrauchen. Wir wissen: Mit der Bereitschaft des Vertrauens, eben des Glaubens, verlassen wir uns nicht mehr auf uns, sondern fallen in Gottes Heil hinein. Anders ausgedrückt: Mit diesem Glauben holen wir die Ewigkeit Gottes und sein Heil in unser enges, sterbliches Leben.

Luther konnte sagen: »Das Endliche nimmt das Ewige in sich auf«, und das geschieht durch den Glauben. Der Glaube ist die gewaltigste Kraft im Leben eines Menschen. Die Frage, ob ein Mensch Gott erfährt und selig wird oder ob er einsam bleibt und verlorengeht, wird allein im Glauben an Jesus Christus entschieden.

– Der Vorwurf einiger moderner Menschen, daß wir Christen uns mit unserem ständigen Reden über den Glauben in eine unfruchtbare Innerlichkeit zurückzögen, ist Zeichen von Unkenntnis. Wer so redet, weiß nicht, wovon er spricht. Ist es auch unnütz, wenn man einen Baum zuerst in die Erde pflanzt, bevor man erwartet, daß er Früchte bringt?

– Wer an Jesus Christus glauben will, der muß an ihn glauben *wollen*. Der Satz, daß man nicht aus eigener Kraft an Jesus glauben kann, bedeutet, daß ich zuerst sein Heil hören und von ihm angerufen sein muß. Er macht den Anfang, aber dann ist es meine Sache, ihm zu glauben, indem ich ihn anrufe und bitte: »Herr, ich will glauben, nun hilf meinem Glauben!«

– Der einfache und gewisse Schritt zum lebendigen Glauben ist das innige Gebet unter Anrufung des Namens Jesu.

Der andere einfache und gewißmachende Schritt ist der Weg zur Beichte. Hier vertraut ein Mensch die Schuld und Sünde dem Herrn an, zu dem Schuld und Sünde gehören. Und im Namen Jesu empfängt dieser Mensch den Zuspruch, daß die Schuld vergeben, die Macht der Sünde gebrochen und das Heil nun gegenwärtig ist.

Die Beichte ist kein katholisches Privileg, sondern hat Recht und Sitz im evangelischen Leben. Dabei sollte unsere Beichte stets Einladung zur Befreiung und niemals Zwang sein.

Der dritte Schritt zum Glauben ist der Weg in die Gemeinde und zum heiligen Abendmahl. Hier erfährt der Mensch, wie er als »Freund und liebster Gast« zum Tisch des Herrn eingeladen und bewirtet wird. Die Teilnahme am Tisch des Herrn wird immer auch zu einem verbindlichen »Ja« für die Gemeinde.

– Das Gespräch über den Glauben an Jesus Christus ist das Herzstück des Glaubens: Wovon ein Mensch erfüllt ist, davon spricht er. Wovon ein Mensch gerne spricht, das wird ihn immer mehr erfüllen. Das Zeugnis im Alltag ist jenes kleine Opfer, durch das der Glaube genährt wird.

Der Glaube braucht Nahrung. Er empfängt sie in der Stille des Gebets, im Hören auf Sein Wort und in der Einheit mit den Brüdern und Schwestern.

# VI. Unvergleichliche Botschaft an die Welt (5,1–21)

## 1. Der Zusammenhang mit dem übrigen Brief

In Kapitel 1–4 ging Paulus sozusagen den Berg der Erkenntnis hinauf. Nun steht er auf dem Gipfel, lobt Gott über alles und sagt: »Da wir nun gerecht geworden sind durch den Glauben, haben wir Frieden mit Gott durch unsern Herrn Jesus Christus!« (5,1) Jetzt weitet sich der Blick auf das vor uns liegende Leben. Paulus will jetzt gewissermaßen von dieser Höhe aus alles betrachten und erkunden, was es zu erkunden gibt:

Er wird über das christliche Leben schreiben (Kap. 5) und wird die Frage behandeln, wie sich denn das Leben des Christen zur Sünde verhält (Kap. 6).

Im 7. Kapitel geht es um die Stellung des Gesetzes im Leben eines Christen.

Schließlich antwortet Paulus auf die Frage, wie der Christ in dieser Welt des Todes zurechtkommt, wo er doch bereits im ewigen Leben lebt (Kap. 8).

Zunächst zum Aufbau des *5. Kapitels:*

*V. 1–11:* Wir rühmen die Versöhnung Gottes, die durch den Glauben gegeben ist.

*V. 12–21:* Durch Adam kamen Sünde und Tod in die Welt, durch Christus kommen Gerechtigkeit und Leben.

Es geht um die Entdeckung, daß der Christ nicht nur in einem neuen Verhältnis zu Gott steht, sondern in einem völlig neuen Sein lebt, das unvergleichlich mit dem Leben aller anderen Menschen ist.

Das Kapitel beginnt mit einem gewaltigen Lobgesang, den nur der Christ Paulus anstimmen kann: »Da wir nun gerecht geworden sind durch den Glauben, haben wir Frieden mit Gott durch unsern Herrn Jesus Christus; durch ihn haben wir auch den Zugang im Glauben zu dieser Gnade, in der wir stehen, und rühmen uns der Hoffnung der zukünftigen Herrlichkeit, die Gott geben wird« (5,1–2; bitte das ganze Kapitel lesen).

## 2. Frieden mit Gott (5,1–2)

Nun, da wir wissen, daß der Zorn Gottes im Kreuz von Golgatha aufgehoben ist;

nun, da wir wissen, daß der gekreuzigte Jesus der auferstandene Herr ist, der über alle Herren Herr ist, dessen Name über alle Namen ist, und dessen Vollmacht alles durchzieht und umspannt;

nun, da wir wissen, daß Er sich dem Glaubenden anvertraut und ihm alle Versöhnung und Liebe des Vaters gibt;

nun, da wir wissen, daß Er unsere ewige Rechtfertigung ist;

nun haben wir Frieden mit Gott. Es geht wie ein gewaltiges Aufatmen durch die ewige und zeitliche Welt: Die Not ist zu Ende, die Angst vorbei, die Macht der Sünde gebrochen, die Höllentore sind aufgesprengt, und der Tod ist entmachtet: Nun ist Friede mit Gott. Der Mensch kann im Glauben an Jesus die Sünde verlassen, er kann die Höllentore durchschreiten und weiß, daß der Tod ihn nie mehr von Jesus trennen wird. Er lebt im Frieden. Dies ist gültige, bestimmende Wirklichkeit. Zwischen Gott und Mensch ist kein Gegensatz mehr, zwischen dem heiligen, ewigen Gott und dem unheiligen, sterblichen Menschen herrscht Friede.

Die Frage heißt nicht, ob das die Menschen schon wissen, sondern es ist eine Tatsache, daß der Friede Gottes uns wirklich umgibt und durchzieht.

Dieser Friede hat nichts mit Waffen oder Abrüstung zu tun, sondern mit dem Opfer auf Golgatha: Hier ist der Friede, von dem die Welt nicht zu träumen wagt. Und wenn die ganze Welt in Kriegen versinken würde, auf Golgatha ist dennoch Friede! Und wenn in Ihrem und meinem Leben nichts mehr gelingen würde und wir nur noch, entsetzt über unser Scheitern, vergehen müßten – am Kreuz von Golgatha ist Friede!

Das ist kein Seelentrost für verweichlichte Fromme, sondern die Wahrheit, die in der Geschichte der Menschheit fest und unerschütterlich gegenwärtig ist.

Ich hörte von einem Christen, der gefoltert wurde, weil er an Jesus glaubte. Als man ihn hinterher halbtot aus dem

Gefängnis holte und fragte, was er gelitten habe, sagte er unter Tränen: »Ich habe den Frieden Jesu erlebt. Es war unsagbar. Er ist da!«

Ich war bei einer Evangelisation. Es war schwierig; Menschen und Geister waren gegen die ganze Verkündigung. Ich war verzagt. Dann betete ich: »Herr, erbarme dich über uns alle!« In dem Augenblick war Friede. Freund und Feind spürten: Friede war eingetreten.

Im Sterbezimmer eines alten Pfarrers war es still geworden. Die alte Pfarrfrau las aus dem Gesangbuch. Eines der Kinder weinte leise. Plötzlich schien es, so berichtete mir ein Verwandter, als wenn alles ein bißchen heller würde. Der Sterbende richtete sich auf. Sein Gesicht leuchtete. Leise sagte er: »Da ist Er!« Dann fiel er zurück und schlief ein. Der Friede war da.

In einem Beichtgespräch hatte ein stolzer Mann schwer mit seiner Sünde zu kämpfen. Nur mühsam konnte er sie mit Namen nennen. Da sagte ich leise: »Herr, erbarme dich unser!« Da wurde es still. Der Mann konnte zu Ende sprechen. Der Friede hatte ihn erreicht. Der Friede ist Jesus selbst.

»Da wir nun gerecht geworden sind durch den Glauben, haben wir Frieden mit Gott durch unsern Herrn Jesus Christus!« Von dieser Wirklichkeit geht Paulus aus und rühmt elf Verse lang dieses Geheimnis des Friedens (bitte die Verse 2–11 lesen). Jeder Vers ist gefüllt mit Evangelium. Diese Botschaft ist einzig in der Welt: »Wir haben Zugang zu diesem Reichtum!« Der Christ bildet sich die Reichtümer Gottes nicht ein, er hat Anteil an ihnen. Sogar in »Trübsalen«, das heißt in größten Schwierigkeiten, loben wir Ihn, denn auch darin wird Er das Leben schicken.


## 3. Versöhnung (5,10–21)

Paulus rühmt Gottes Liebe, indem er auf die Versöhnung zeigt, die nun Wirklichkeit ist.

Von Versöhnung können wir nur dann sprechen, wenn zwei Dinge oder Menschen zusammenkommen, die eigentlich nicht zusammengehören oder die gegeneinander stehen. Wenn man zum Beispiel Papier und Eisen zusammenschweißen würde, so daß sie eine unzertrennliche Einheit bildeten, dann wären Papier und Eisen versöhnt.

Das widersprüchlichste Gegeneinander in dieser Welt und im Himmel ist der heilige, ewige Gott und der gottfeindliche, sündige, vergängliche Mensch. Und nun ist Gott in Jesus aus dem Himmel zu uns in unsere Tiefe gekommen, um sich für alle Zeit und Ewigkeit mit uns zu einen. Da geschah die Versöhnung.

Als Jesus am Kreuz starb, da kam Gott in unsere Hölle. Und als Jesus von den Toten auferstand, da bekamen wir den Weg frei in den Himmel. Wo Jesus ist, da kann Gott beim Menschen sein. Wo Jesus ist, da kann der Mensch bei Gott sein. So geschieht Versöhnung im Kreuz und in der Auferstehung Jesu. In Ihm kommen Gott und Mensch zusammen. Gott bleibt der heilige Gott und ist doch in Jesu Kreuz mein Vater. Ich bleibe vergänglicher, sündenanfälliger Mensch, und bin doch in Jesus des Vaters liebstes Kind.

So geschieht in Jesus Christus Versöhnung. Wir gehören unauflöslich zusammen. Aber dies ist nur im Glauben möglich.

Die Auswirkungen dieser Versöhnung sind weitreichend und machen den christlichen Glauben, wenn er recht gelebt wird, einzigartig und unter allen Religionen konkurrenzlos.

Der Christ lebt ohne Angst, er ist geliebt. Und wenn ihn Angst überfällt, dann weiß er, daß sie kein Recht auf ihn hat, denn er gehört dem Herrn.

Der Christ kann auf alle Dinge und Menschen, auf alles Wissen und Geschehen zugehen, denn »nichts wird ihn scheiden von der Liebe Gottes« (8,39). Er kann und wird diese Welt als Geschenk empfangen und auch wieder loslassen, wenn der Herr dies fordert. Er wird dem Leben auf der Spur sein und immer und überall Spuren des Lebens hinterlassen, denn er ist versöhnt. Der Christ wird nie mehr in die Sünde einwilligen (siehe Kap. 6), aber wenn er sündigt, wird er wissen, daß das letzte Wort über die Sünde nicht der Fluch, sondern die Vergebung ist.

Der Christ ist versöhnt, er weiß, daß Leid und Tod zum

Leben dazugehören, aber ihn nie vom Herrn trennen können. Der versöhnte Christ muß der Zukunft und den Ergebnissen der Geschichte, der Wissenschaft und der Kultur nicht ängstlich begegnen, denn er weiß: ER ist alles in allem und wird durch und mit der Geschichte sein herrliches Werk vollenden. Der Versöhnte weiß im Glauben: Das Leben liegt immer vor uns!

Das alles kann der versöhnte Christ glauben und bezeugen. Kein gesetzestreuer Jude kann dies so mitsagen. Kein Moslem wird Allah so verstehen können, und kein Buddhist wagt so hoffnungsvoll in die Zukunft zu schauen. Der Atheismus des Westens und des Ostens kann nur in unendlicher Traurigkeit, die aus der Selbstverliebtheit kommt, sagen:

> »Die Welt ein Tor zu tausend Wüsten
> stumm und kalt,
> wer das verlor, was ich verlor,
> macht nie mehr halt.
> Ich bin zur Wüstenwanderschaft verflucht,
> dem Vogel gleich,
> der stets nach kälterem Himmel sucht.
> Weh dem, der keine Heimat hat.«
>
> (Friedrich Nietzsche)

Die Versöhnung Jesu macht hell und mutig, sie wird zu einer lebensgestaltenden Kraft mit großen Auswirkungen für das eigene Leben, die Gemeinde und die Gesellschaft. Aber alles hängt am Glauben. Ohne diese lebendige Beziehung zum Herrn bleibt alles nur Gerede.

## 4. Die beiden Lebensweisen – Adam und Christus (5,12–21)

Nun führt Paulus eine gewaltige Erkenntnis ein: Durch die Rechtfertigung des Sünders kommt der Mensch in ein neues Sein.

Zunächst möchte ich das Wort »Sein« für unseren Zusammenhang erklären. Wir verstehen unter »Sein« eine Lebenswirklichkeit, die einen Menschen bestimmt. Der

Mann hat zum Beispiel ein bestimmtes Sein, das ihn in seiner Männlichkeit bestimmt. Wir sprechen vom »Mann-Sein«. Das gleiche gilt von der Frau, sie wird von ihrem »Frau-Sein« bestimmt. Wir haben innerhalb unseres Seins bestimmte Möglichkeiten, die uns auch begrenzen. Das Sein bringt uns hervor und macht uns. Wir sind nicht das, was wir gerne sein möchten, sondern wir sind, was unser Sein uns ermöglicht. Wir können auch an ein Volk oder eine Regierung denken, an eine Kultur oder eine Sprache: Stets kehrt diese Grundeinsicht wieder, daß wir Teil eines größeren Ganzen sind und vom Ganzen bestimmt werden.

Paulus stellt zwei »Seinsweisen« einander gegenüber: Adam und Christus.

»*Adam-Sein*« bedeutet, daß der Mensch unter der Macht der Sünde leben *wollte* und jetzt unter der Sünde und dem Zorn Gottes leben *muß*. Über den Menschen wird also verfügt. Der Sünder ist in seiner Sünde gefangen. Er kann machen, was er will, er verstrickt sich immer mehr in seine Selbstherrlichkeit und Gottesfeindschaft. Erst wollte er die Sünde; jetzt gibt ihn Gott da hinein, nun muß er sündigen (siehe Kap. 1 und 2). *Er ist ein Knecht der Sünde.*

Im »*Christus-Sein*« lebt der Mensch, der an Jesus Christus glaubt und mit ihm lebt. Er ist gerechtgesprochen und frei vom Machtanspruch der Sünde. Die Gottesferne ist zu Ende. Der Glaubende lebt in einer lebendigen Beziehung zum Herrn, die ihn bestimmt und leitet. *Der Christ ist ein Knecht Jesu.*

Natürlich deutet Paulus hier die Adamsexistenz des Menschen nur von Christus her. Sein Ziel ist es, von der Christusexistenz des Glaubens zu sprechen. Paulus schließt also von der Christuserkenntnis auf die Adamserkenntnis, vom Licht her sieht er das Dunkel.

Wie kam es zum Adam-Sein? Paulus weist auf den Einbruch der Sünde hin (1. Mose 3): Der Mensch, Adam (der aus Erde Gemachte), öffnete der Sünde die Tür und ließ sie in die Welt. Nun ist sie da, und mit ihr das Urteil Gottes: »Geh fort von der Gemeinschaft mit mir!« Diesen Bruch, diesen Hinauswurf aus dem Paradies nennt Paulus »Zorn Gottes«. Der Mensch ist nicht mehr bei Gott, Gott hat ihn fortgeschickt. Diese Trennung ist, geistlich gesprochen, die Verdammnis oder der Tod. Tod ist also hier nicht physisch, sondern geistlich zu verstehen (Röm. 5,12).

Der Sünde, die in die Welt gekommen ist, haben auch wir Tor und Tür unseres Lebens geöffnet. Es ist also nicht so, daß wir von Geburt aus nur die Sünde zu erleiden hätten – das auch –, sondern wir haben sie wie Adam auch gewollt. Und wie Adam wollen wir auch gerne Gott sein. Wir wollen uns durchsetzen und unser eigenes Süppchen kochen. Wir glauben nicht, daß Gott sein Wort hält, sich von uns trennt und plötzlich im Dunkeln verschwindet. Schieben wir es nicht auf die Erbsünde oder auf die Umstände! Wir kommen genausowenig damit durch wie Adam, als er Eva beschuldigen wollte. Adam war in die Sünde verliebt, und wir sind es auch.

Wie Adam sind wir unter der Sünde gefangen. Gott ist uns weit weggerückt. Nun müssen wir unser Tagewerk mit viel Mißerfolg und Leiden tun, mit Unfruchtbarkeit und Tränen, wie es Adam verheißen war. Wir werden alle beherrscht von Mißtrauen, Angst und schlechtem Gewissen, wie Adam.

Das ist Adamsexistenz. Wir suchen das Paradies, ob wir Himmelssucher im westlichen oder im östlichen Gewand sind; beide heißen Adam. Und wir werden das Paradies nicht mehr finden, denn Adam ist blind geworden für das Paradies. Dabei weiß er es nicht. Er hört nur, wie Kain seinen Bruder Abel erschlägt, aber das Paradies findet er nicht, wie wir. Das Menschengeschlecht ist adamitisch, ob mit oder ohne Gesetz. Adam bestimmt uns alle. Der Fluch der Sünde geht durch die Geschichte und lastet auf allen.

## 5. Erlösung (5,15–21)

*Aber* – und hier setzt Paulus wieder mit der frohen Botschaft ein, um die es ihm allein geht – *die Gabe ist größer.* »Aber nicht verhält sich's mit der Gabe (mit dem Heil Jesu) wie mit der Sünde . . .« (lesen Sie genau die Verse 15–21).

Christus hat nicht nur alle Sünde vergeben, die mit

Adam in die Welt gekommen ist, sondern er macht den Glaubenden auch gerecht (V. 16). Das heißt: Wer an Jesus glaubt, der beginnt nicht wieder im Paradies; er wird nicht ein Adam *vor* dem Fall, sondern mehr! Würde er wie Adam, dann könnte er ja wieder im Paradies von der Sünde überfallen werden, dann müßte er ja befürchten, daß ihn Gottes Zorn wieder träfe!

Nein, sagt Paulus, die Gabe der Erlösung ist größer: *Wer in diesem Geheimnis der Versöhnung geborgen ist, der kann nicht wieder herausfallen.* Wer von der Liebe Jesu gerettet ist, über den hat die Hölle keine Macht mehr. Wer an Jesus glaubt, der wird »bleiben im Hause des Herrn immerdar« (Ps. 23,6). Wer glaubt, der kommt sogar durchs Gericht Gottes. Der wird erleben, wie die Teufel weichen müssen. Wir werden angefochten, wir werden fallen, wir werden Ängste bekommen, aber keine Macht wird uns vom Herrn trennen können, kein Fall wird uns aus der Hand Jesu fallen lassen und kein Tod von ihm losreißen:

> ». . . hat zuviel an mich gewandt,
> um mich wieder loszulassen.
> Mein Erbarmer läßt mich nicht;
> das ist meine Zuversicht.«
>
> (Karl Bernhard Garve)

Die Macht Jesu hat allen anderen Mächten den Anspruch auf den Glaubenden verwehrt. Wer im Namen Jesu lebt und ihm allein glaubt, den können die Mächte der Tiefe anfechten, aber nicht mehr vom Herrn lösen. So stark ist seine Liebe, so lohnt er das Vertrauen. Diese Berufung zum Leben ist kein Traum, sondern nüchterne Wirklichkeit!

Dann kommt die krönende Erkenntnis: Wir »herrschen im Leben durch den Einen, Jesus Christus« (V. 17). Bei Adam herrschte der Tod und bestimmte ihn. Nun herrschen die Gerechtigkeit und die Liebe Jesu. Und deshalb herrschen wir im Leben durch unseren Herrn. Was für eine Botschaft!

Wir sind zum Leben berufen. Von uns geht Leben aus, weil Christus unser Leben ist. Von uns geht Hoffnung aus, weil Christus unsere Hoffnung ist. Von uns geht Liebe aus, weil Christus unsere Liebe ist. Von uns geht Wahrheit aus, weil Christus unsere Wahrheit ist. Von uns geht Heil aus, weil Christus unser Heil ist. Von uns geht der Sieg über die Sünde aus, weil Christus der Sieg über die Sünde ist. Von uns geht Trost aus, weil Christus unser Trost ist. Von uns geht ein ewiger Lobgesang aus, weil Christus unser Lob ist. Was für ein Leben, das wir durch ihn empfangen können! Aber dies alles nur, wenn wir ihm glauben!

Dieses Kapitel ist tatsächlich der Höhepunkt des Briefes. Hier öffnet sich die Weite für das Heil, das der Herr uns gegeben hat. Nun wird deutlich, was er uns schenken will. Es ist wahr: Wir Christen leben in einem neuen Sein.

>Jesus ist kommen, Grund ewiger Freude,
A und O, Anfang und Ende steht da.
Gottheit und Menschheit vereinen sich beide,
Schöpfer, wie kommst du uns Menschen so nah.
Himmel und Erde, erzählet's den Heiden:
Jesus ist kommen, Grund ewiger Freuden!
(Joh. Ludwig Konrad Allendorf)

Die Wahrheit vom neuen Sein in Christus ist auch der Grund für alles Singen und Loben, für alle Musik und Kunst in der Kirche. Die Kirche Jesu singt nicht nebenbei, sondern sie singt hauptsächlich. Das Gotteslob ist ihr schönster Ausdruck. Der Einklang des Herrn mit den Glaubenden schafft Musik. Es ist nichts Besonderes, wenn die Gemeinde singt; es wäre etwas Besonderes, wenn sie nicht sänge. Musik ist Ausdruck des Staunens; die Erfahrung der Gegenwart Gottes versetzt ins Staunen und darum auch ins Singen. Der versöhnte Mensch, die versöhnte Gemeinde bekommt mit dem Lobgesang das Lachen der Erlösten. >Unser Mund wird voll Lachens und unsre Zunge voll Rühmens sein< (Ps. 126,2). Die Heiterkeit der Heiligen ist ein Geschenk dieses neuen Seins.

*Schlußfolgerungen:*
– Wir werden uns vor allem wundern und freuen über diese Wirklichkeit des neuen Seins: Die Existenz des Christen ist in der Tat beispiellos. Er lebt im Heil. Dieses Heil wird

ihn in Leib, Seele und Geist bestimmen. Die Gegenwart Jesu macht unendlich getrost und gewiß.

– Wir sollten von hieraus verstehen, warum Jesus in der Bergpredigt sagt: »Sorget nicht« (Mt. 6,25). Wir sind geliebt. Wir leben bereits mit dem Herrn im Himmel, obwohl wir auf der Erde sind, aber wir gehen durch die Zeiten; das Ziel ist uns gewiß.

– Wir sollten uns wieder Zeit nehmen zum Lobgesang. Wir haben ein Recht zu singen, zu feiern und dankbar zu sein. »Sie fingen an, fröhlich zu sein« (Lk. 15,24). Von dieser Gewißheit des Heils wollen wir unsere Räume und Begegnungen festlich gestalten. Wir leben in Seiner Gegenwart, und darum werde unser Leben ein Kunstwerk. Das Maß dieses Kunstwerks sei Einfachheit, Freude und Offenheit.

# VII. Die großen Freiheiten (6–8)

Nun stehen wir auf der Höhe der Offenbarung und fragen, was denn diese Herrlichkeit mit unserem Leben zu tun hat.

Es ist, als ob Paulus diese Frage erwartete. Er geht in Kapitel 6 wieder auf die Not des Lebens zu. Aber jetzt spricht er von der Sünde anders. Wir sind nicht mehr an sie gebunden, sondern frei (Kap. 6). Diese Freiheit gibt einen neuen Blick auf unser Leben.

Dann spricht Paulus vom Gesetz (Kap. 7). Was müssen wir Christen jetzt tun? Paulus verkündigt eine Überraschung nach der anderen: Das Gesetz geht uns nichts mehr an! Aber eine Spannung bleibt.

Schließlich geht Paulus auf den großen Lobgesang und auf die Freiheit vom letzten Feind, dem Tod, zu (Kap. 8).

Die Höhe, die Paulus in Kapitel 5 erreicht, ist keine Illusion, der ein furchtbarer Absturz folgt. Das Heil ist echt, es bewahrheitet sich im Leben.

Der Christ ist frei von der Sünde (Kap. 6), frei vom Gesetz (Kap. 7) und frei vom Tod (Kap. 8). Jedes Kapitel will gründlich gelesen werden. Ich werde im folgenden die großen Linien nachzeichnen.

## 1. Über die Freiheit

Bevor wir über das Freisein von der Sünde sprechen, wollen wir den Begriff *Freiheit* unter die Lupe nehmen.

Wer von Freiheit spricht, denkt dabei zugleich an die Unfreiheiten, aus denen zu befreien zur Freiheit führt. So sprechen wir von Pressefreiheit, wenn diese Freiheit nicht zugestanden wird. Wir sprechen von Glaubensfreiheit, wenn sie durch Verfolgung bedroht ist. Wir fordern Bewegungsfreiheit, wenn wir irgendwo festgehalten werden. Wir möchten frei und ohne Zwang leben.

Es gehört zu den großen Erfolgen der Neuzeit, daß wir auch von unserer Verfassung das Recht auf vielfältige Freiheiten erhalten haben. Ob uns diese Freiheiten immer bekommen sind, will ich hier nicht diskutieren, aber ich bin sehr froh, in einer Kultur und in einem politischen System zu leben, wo mir wirklich viele Freiheiten gegeben sind, von denen unsere Väter noch nicht zu träumen wagten.

Ich will den Begriff »Freiheit« auf eine ungefähre Formel bringen, jeder kann den Begriff auch anders füllen:

Freiheit ist gegeben, wenn ich meine Gaben und Neigungen optimal entfalten kann, soweit ich damit keinem anderen Menschen schade.

Nach *dieser* Vorstellung von Freiheit hat sich der freie Mensch von allen möglichen Bindungen, Zwängen und Verfügungen gelöst. Er wird weitgehend nicht mehr von außen gelenkt, sondern bestimmt selbst das eigene Leben (Denken, Reden und Handeln). In diesem Freiheitsverständnis ist der Mensch das bestimmende Subjekt. Er selbst legt weitgehendst fest, was gut und böse, was sinnvoll und sinnlos ist, was er nötig hat und was nicht, was er tun soll und was er nicht zu tun braucht. In dieser Selbstbestimmung erlebt der Mensch seine Freiheit.

Der Mensch will von Bindungen befreit sein. Wenn er von der jeweiligen Bindung gelöst ist, so denkt er, habe er wieder ein größeres Stück Freiheit gewonnen.

Sprechen wir dann von der religiösen Freiheit, wird gleichzeitig auch irgendeine religiöse Unfreiheit genannt. Hält man zum Beispiel die Moralvorstellung einer Religionsgemeinschaft für zu beengend, dann sieht man in der Änderung einer solchen Moralvorschrift immer auch eine neugewonnene Freiheit für den Menschen. Nachdem alte Bindungen weggefallen sind, hat der Mensch einen zusätzlichen Freiraum bekommen. Auch hier erfährt sich der Mensch als Subjekt, das seinen Lebensraum mehr und mehr selbst bestimmen kann. Alles dreht sich um ihn!

*Dieses Freiheitsverständnis hat der Römerbrief nicht!* Hier wird unter Freiheit etwas ganz anderes verstanden: Frei ist der Mensch, der so völlig in das Geheimnis und die Liebe Jesu eingebunden und von Christus beschlagnahmt ist, daß sein ganzes Leben, Denken, Reden und Tun von niemand als von diesem Herrn erfüllt und bestimmt wird. Wer also an Jesus gebunden ist, der ist frei (siehe 1,1)!

Die Befreiung Jesu löst den Menschen aus allen natürlichen und weltlichen Bindungen, die den Menschen von der Nchfolge und vom Dienst abhalten wollen, und befreit ihn für die Einheit mit dem lebendigen Gott.

Das bedeutet: Keine Macht der Welt hat ein letztes Recht auf den Menschen – keine Familie, Freundschaft, Liebe oder Sexualität, keine Idee, Ideologie, politische Instanz oder was immer sich als Autorität aufschwingen mag. Allein Jesus Christus hat einen Anspruch auf seine Jünger. Er allein verfügt, erfüllt und sendet.

Keine Hölle, Sünde, Anklage oder böses Gewissen, keine Krankheit und kein Dämon hat das Recht und die Macht, den Menschen an sich zu binden. Der Mensch gehört allein dem, der ihn liebt, der ihn gerettet hat und dem er glaubt: dem Herrn und Heiland, dem Versöhner und Erlöser, Jesus Christus. Darin besteht die Freiheit eines Christen.

Nun hat auch der Tod kein letztes Recht mehr. Wenn der gekreuzigte und auferstandene Herr über einen Menschen verfügt, wird ein Mensch leben, selbst wenn er sterben muß; da wird ein Mensch loben und singen können, auch dann, wenn er leiden und vergehen muß. Denn größer als der Tod sind die Auferstehung und die Liebe Jesu, die bereits jetzt und hier im Leben eines Glaubenden wirksam sind. So ist der Christ, der sterben muß wie alle anderen, dennoch frei von der absoluten Macht des Todes. Der Tod kann ihn nicht mehr halten, weil er durch Jesus Christus zum ewigen Leben gehört.

Ja, nun hat auch das heilige Gesetz Gottes keinen Anspruch mehr an den, der in Jesus Christus verborgen und völlig an Ihn gebunden ist. Nun ist für den Glaubenden das Gesetz erfüllt und vollendet in dem Herrn, der auf Golgatha für alle Übertretungen, alle Sünde und alle Schuld das Leben gegeben hat. So ist der Glaubende frei vom Anspruch des Gesetzes und damit auch befreit vom Gericht. Er ist geborgen in Jesus Christus, frei!

Auch vom eigenen Herzen ist der Jünger Jesu befreit. Er muß nicht mehr seinen Gründen und Abgründen und der Anklage des eigenen Gewissens glauben, denn er glaubt dem Herrn und seiner Versöhnung. Nun muß er nicht mehr selbst bestimmen, wie die Welt zu begreifen, zu deuten und zu gestalten ist; das alles bestimmt die Gegenwart Jesu in seinem Wort und seinem Geist. Er muß sich nicht mehr sorgen, ob er stark und groß, angesehen und von den Menschen geachtet ist, denn er weiß sich unendlich geliebt, angesehen und getragen von dem, der mit den Schwachen sein Werk ausführt. So erlebt der Jünger Jesu jene Freiheit, die ihn auch von den Stricken der eigenen Vernunft, der eigenen Sorge und der eigenen Eitelkeit erlöst.

Fassen wir zusammen: Nach dem Freiheitsverständnis unserer Gesellschaft ist der Mensch Subjekt: Er ist um so freier, je mehr er in seinem Leben bestimmen kann. Nach dem christlichen Verständnis von Freiheit ist Jesus Christus Subjekt, und je mehr er den Glaubenden erfüllt und bestimmt, um so freier wird der Jünger Jesu. Je enger die Einheit mit Christus, um so freier wird das Leben des Erlösten!

Nun können wir verstehen, warum Paulus die Kapiteln 6–8 geschrieben hat: Er wollte und mußte deutlich machen, was der Glaube an Jesus Christus bewirkt: Freiheit!

Bevor wir zu den einzelnen Kapiteln kommen, hier noch ein ausführlicher Überblick:

*Kap. 6:* Ein Christ kann niemals Sünde lieben, denn er ist ja in Christus völlig untergetaucht, von ihm ganz beschlagnahmt und erlöst (Taufe). Der Christ ist für die Sünde gestorben, er ist nicht mehr für ein Leben gegen Gott zu haben. In diesem Zusammenhang muß die gesamte sittliche Haltung (Ethik) des Christen verstanden und behandelt werden.

*Kap. 7:* Der Christ kann nicht mehr dem Gesetz untertan sein. Wer mit Christus dem Anspruch der Sünde und des Zornes Gottes gestorben ist, der ist nun auch mit Christus verheiratet und nicht mehr mit der Sünde und dem Gesetz (7,2–4). Wir werden im nächsten Abschnitt sehen, wie das alles zusammenhängt. Auf jeden Fall macht Paulus deutlich, warum das Gesetz für den Glaubenden nicht mehr bindend sein kann, seit Christus den Glaubenden gebunden hat.

*Kap. 8:* Hier wird das neue Leben im Geist gerühmt, das durch die Einheit in Christus Wirklichkeit geworden ist. Nun herrschen Sünde, Gesetz und auch der Tod nicht mehr. Paulus geht sogar noch weiter: Der leibliche Tod befreit vom Leben in der Vergänglichkeit und Sünde und kann den Menschen, der mit Christus geeint ist, nicht am Leben hindern; der Tod macht ihm geradezu den Weg frei zum ewigen Leben. So macht Christus frei vom letzten Feind, dem Tod. Deshalb bricht Paulus dann in einen gewaltigen Lobgesang aus (8,31–39).

## 2. Frei von der Sünde (6)

Bitte zunächst das Kapitel lesen.

Wie ist es denn nun mit der Sünde? Bringt das Denken des Paulus nicht die Gefahr mit sich, daß vor lauter Gnade die Sünde und die Lässigkeit überhandnehmen und der Sünde Tür und Tor geöffnet wird? Wird nicht zuviel von Freude und zu wenig von Gericht und Sünde gesprochen?

Diese Fragen hat nicht nur Paulus gehört, sondern sie werden auch heute an das Evangelium und an jene gestellt, die das Evangelium der Gnade und der Freude verkündigen. Hier kommen wir an einen wichtigen Punkt des persönlichen Lebens und der Seelsorge. Es ist nötig, daß wir genau mitdenken, damit nicht aus der Gnadenbotschaft plötzlich eine Zuchtlosigkeit wird.

Zunächst wieder zum Aufbau des Kapitels:

*V. 1–2:* Paulus wehrt von vornherein jede Sündennähe ab, denn der Christ ist der Sünde gegenüber tot!

*V. 3–14:* Wir sind mit Christus getauft, darum wird die Sünde nicht herrschen können.

*V. 15–23:* Weil wir frei sind, werden wir nicht mehr der Sünde, sondern der Gerechtigkeit dienen. Sünde bringt Tod, Jesus Christus bringt Leben.

Wer Paulus und seiner Gnadenbotschaft begegnet, der wird sofort spüren, daß die Sache mit der Sünde mißverstanden werden kann. Hier ist zweifellos eine Schwachstelle, und sie wurde von den entsprechenden Geistern zu allen Zeiten auch entdeckt und in zuchtloser Weise und in Liberalisierungsversuchen – was an dieser Stelle oft dasselbe ist! – ausgenutzt. Paulus scheint diese Möglichkeit selbst erkannt zu haben und hat darum gegengesteuert.

## a) Grundeinsicht über die Sünde

In diesem Zusammenhang geht es bei der Sünde nicht um einige Taten und Gedanken, die böse sind und darum nicht mehr getan werden sollten, sondern um die Sünde als Macht und Anspruch über den Menschen. Zum Verständnis kann uns das folgende Bild helfen:

Über einer Stadt lagert sich vergiftete Luft. Die Sonne scheint heiß, kein Lüftchen bewegt sich. Nun sind alle Menschen in dieser Stadt vom Smog belastet, sie atmen ihn ein, ob sie wollen oder nicht. In dieser Stadt wohnen heißt also auch, mit dieser Luft leben müssen. Der Smog betrifft alle.

So ist die Sünde eine Macht, die uns umgibt, durchzieht und in jedem Augenblick »betrifft«. Was ich also als Mensch im einzelnen sündige, ist immer Ausdruck davon, daß ich von dieser Sündenmacht umgeben und erfüllt bin.

Nun sagt Paulus: Durch Christus ist etwas grundsätzlich Neues passiert – die Macht der Sünde ist zerbrochen. Um im Bild zu sprechen: Ein Wind ist über die Stadt gekommen, und nun ziehen die giftigen Schwaden ab. Es hängt zwar überall noch die dreckige Luft in den Kleidern und an den Hauswänden, aber die Macht der Giftwolke ist gebrochen, ein frischer Wind mit neuem Sauerstoff breitet sich überall aus.

Jesus Christus hat wirklich der Sünde und dem Tod die Macht genommen »und ein unvergängliches Wesen ans Licht«, das heißt in die Geschichte gebracht (2. Tim. 1,10). Es geht also zuerst nicht um eine Entscheidung unsererseits gegen die Sünde, sondern um das Ende der Sündenmacht, das in Jesus Christus tatsächlich eingesetzt hat! Und weil diese Macht zerbrochen ist, darum können wir gegen sie im Namen Jesu angehen.

Es geht zuerst und vor allem um diese große und tiefgreifende Erkenntnis: Jesus hat die Macht der Sünde gebrochen und abgesetzt. Die Sünde hat kein Recht mehr über Christus, denn er hat am Kreuz das Gericht über alle Sünde getragen. Wo er ist und herrscht, da herrscht eben keine andere Macht mehr. Da ist Gott gegenwärtig, und nicht die Sünde. Wo er herrscht, da ist ewiges Leben und kein Tod mehr. Da liegen die Mächte des Teufels am Boden und rühren sich nicht mehr, denn dem Herrn ist seit Golgatha und Ostern »alle Gewalt im Himmel und auf Erden gegeben« (Mt. 28,18). Wo Jesus lebt und wirkt, da gibt er Frieden, Leben, Liebe, Freude, Vollmacht. Nun bläst ein neuer Wind, ein neuer Geist und eine neue Klarheit ergreifen alle, die in seine Nähe kommen. Dies ist das neue Sein Christi (siehe Röm. 5).

Ich wiederhole: Es geht zuerst und vor allem um die wirkliche Macht Jesu, die ein für allemal in der Geschichte der Menschheit die Macht der Sünde besiegt *hat!* Er ist nicht nur der Heiland, der mich liebhat. Die Liebe des Heilands hat die Macht der Sünde zerbrochen. Jesus ist eine Großmacht. Wo er sich meldet, müssen die Mächte der Sünde sich verkriechen und den Kampf aufgeben. Er bringt ein »Kräftefeld« mit. In seiner Umgebung werden plötzlich Zusammenbrüche der Sünder möglich, weil die Sünde vor Ihm auf den Boden geht. Darum gibt es in der Verkündigung, die im Namen Jesu geschieht, Bekehrungen, Neuanfänge und Wunder. Das ist eigentlich nichts Besonderes; es wäre etwas Besonderes, wenn in der Gegenwart des Auferstandenen nichts passieren würde. Jesus Christus hat die Macht *über* die bösen Geister bekommen, er hat die Sünde in ihrem Hoheitsanspruch abgesetzt, als er am Kreuz das Gericht erlitt und am Ostermorgen zum Sieger erhoben wurde.

Diese Grundeinsicht, daß Jesus als der Bevollmächtigte Gottes die Macht über Sünde, Tod und Teufel hat, macht Römer 6 erst verständlich. (Lesen Sie dazu Mt. 12,22–29. Dort geht es um die Macht Jesu.)

## b) Die Folgen für die Christen

Die Folgen sind enorm: Wir Christen sind nicht gegen die

Sünde (das sind wir hoffentlich sowieso), sondern wenn wir mit Christus eins sind, sind wir damit aus dem Machtbereich der Sünde herausgenommen. Darin liegt ja die Vollmacht Jesu, daß er Menschen aus der Macht der Sünde herausholen kann, und die Sünde kann gegen diesen Ruf nichts mehr unternehmen. Der Mensch, der diesen Ruf hört, geht glaubend auf Jesus zu; die Sünde kann ihn nicht mehr an diesem Weg hindern. Der Christ ist also frei, auf diesen Herrn zuzugehen. Die Sünde schäumt und tobt, aber sie hat nicht mehr die Macht, den gerufenen Menschen, der Christus glaubt, festzuhalten.

So ruft der Herr Menschen zu sich, und sie folgen dem Ruf, glauben an Jesus Christus und werden mit ihm eins. Dieses Einswerden beschreibt Paulus mit dem Wort *Taufe*.

Dabei dürfen wir nicht nur an eine Amts- und Kulthandlung der Kirche denken, sondern wir müssen dieses Einswerden Jesu mit seinem Jünger vor uns sehen. Wer das nicht meint, wenn er von Taufe spricht, der spricht nicht von der Taufe. Es gibt ja auch Leute, die meinen, mit der Taufe in einen Verein für religiöse Interessen aufgenommen worden zu sein. Andere halten die Taufe für den Akt der Namensgebung. Für den Apostel aber bedeutet Taufe, daß ein Mensch, von der Sünde und den Ansprüchen des Teufels befreit, in die ewige Gemeinschaft mit Christus kommt.

Paulus entfaltet in Römer 6 keine Tauflehre (siehe dazu S. 99ff.). Das war Sache der Kirche Jesu in späterer Zeit. Hier will er deutlich machen, warum der Christ nichts mit der Sünde gemeinsam haben kann: Die Herrschaft Jesu hat ihn aus dem Machtbereich der Sünde befreit und herausgeführt. Der Christ gehört nun dem Machtbereich Christi an. Die Taufe bezeugt, daß der Christ aus dem Land der Sünde ausgezogen ist und nun beim Herrn wohnt. Und wenn die Sünde kommen sollte, um mit dem ehemaligen Sünder anzubändeln, dann kann der Christ nur sagen: »Hau ab, ich gehöre dir nicht mehr. Ich bin jetzt eins mit Jesus, meinem Herrn!« Die Sünde muß unverrichteter Dinge wieder abziehen, sie hat keine Macht mehr. Der Jünger Jesu bleibt für die Sünde unerreichbar, er ist für die Sünde »tot«.

Das sind keine erbaulichen Redensarten, sondern dies wirkt der auferstandene Herr im innersten Wesen seines Jüngers, so daß er gar nicht anders kann, als zur Sünde »Nein!« zu sagen.

Wo immer ein Mensch den Ruf Jesu hörte und ihm im Glauben folgte, entstand und entsteht in ihm auch eine Abwehr und ein Nein gegen die Sünde. Auch wenn es in mancher Erneuerungs- und Heiligungsbewegung seltsame Heilige gegeben haben mag – alle waren sich mit Paulus einig: Der Christ ist aus dem Machtbereich der Sünde befreit, er steht wesensmäßig auf der Seite Jesu und damit gegen jede Form der Sünde. Das liegt in Ihm, und wir vollziehen mit unserem Willen, was Er in uns gewirkt hat.

## c) Mit Christus gekreuzigt

Es gibt Augenblicke, da nimmt man sich vor, dies und jenes nicht mehr zu tun! Gute Vorsätze soll man achten. Aber darum geht es hier nicht. Es geht um die Folge der Einheit mit Christus: Weil er auferstanden ist und jetzt lebt und wirkt, kann er sich im Heiligen Geist *jetzt* mit Menschen einigen, die Ihm glauben. Wenn ein Mensch ihm, Christus, glaubt, liefert er sich ihm bedingungslos aus und sagt: »Herr, hier bin ich. Mache mit mir, was du willst!« Und dann setzt eine einzigartige Lebensbewegung ein. Ich will das einmal persönlich formulieren:

Er ruft mich in seine Gemeinschaft und damit in sein Heil, seine Erlösung und Versöhnung. Alles, was ihm vom Vater gegeben ist, gehört nun auch mir. Da ich eine Person bin und keine Sache, antworte ich. Ich sage zu diesem Herrn und damit zu seinem Heil und zu seiner Lebensbewegung bewußt ja. Ich glaube an ihn und will auch an ihn glauben. Ich folge ihm, und will ihm auch folgen.

Er ruft mich in seine Bewegung, seine Wahrheit und seinen Auftrag in der Welt. Dieser Bewegung bin ich angeschlossen, und keine Sündenmacht kann mich mehr davon abhalten. Ich bin auf diesen Weg eingeladen, nun *will* ich diesen Weg auch mitgehen. Ich werde von ihm im Geist täglich geführt, nun *will* ich mich auch von ihm führen lassen. Er wird mir Demütigungen zumuten; ich *will* diese Demütigungen auch tragen. Er wird mich trösten und ermahnen; ich will diesen Trost und diese Ermahnungen annehmen. Er wird mir Aufträge erteilen, und ich will seine Aufträge annehmen und durchführen.

Der auferstandene Herr, der die Macht über mich hat, wird mich mit ihm so eins machen, daß ich seinen Weg als meinen Weg glauben und gehen kann. So wie ich mit Adam früher den gleichen Weg der Sünde ging (Kap. 5), so gehe ich nun mit Christus den Weg zum ewigen Leben. Und indem ich mit Ihm eins bin und Er mit mir, wirken seine Kräfte auf mich, so wie er meine Nöte und Widersprüchlichkeiten an sich erträgt.

In diesem Sinn ist der Satz zu verstehen: »Wir sind mit Christus gekreuzigt!« (6,6) Es gibt keine Selbstverfügung mehr, sondern nun verfügt er über mich, und ich gebe ihm im Glauben das Recht dazu. Ich diene ihm und nicht mehr der Sünde. Das geht durchs Leiden, und diese Leiden und Entbehrungen werden getragen. Wir sind mit Jesus Christus auf ewig eins. Wir sind mit ihm gekreuzigt.

## d) Hingabe

»So gebt nun eure Glieder hin an den Dienst der Gerechtigkeit, daß sie heilig werden . . .« (V. 19)

Wenn wir Christen uns fragen, wie wir leben sollen, dann muß es heißen: Laßt uns vor allem an Jesus Christus glauben, ihm allein vertrauen und aus seiner Gnade leben. In diesem Glauben liegt unser Trost, aus diesem Glauben erwacht der Mut zum Wagnis für den Herrn. Wir können in der Vollmacht Jesu ein Leben gegen die Sünde führen, weil er die Sünde in ihrem letzten Machtanspruch zerstört hat. Im Glauben an diesen Herrn fürchten wir uns nicht vor dem Dunkel des Lebens, sondern glauben überall seine liebende, sorgende und lebenschaffende Gegenwart.

Aber wir sind immer noch in dieser Welt, wir sind immer noch »im Fleisch«. Um es in dem Bild von oben zu sagen: Die Nebelschwaden der Giftwolke hängen noch in den Kleidern und halten sich in manchen Räumen noch erstaunlich lange auf. Da schleicht noch manches Gift in uns und um uns herum. Dieses Dunkel hat zwar keine letzte Macht mehr und kann uns am Glauben an Jesus nicht mehr hindern, auch nicht am Gebet und Dienst, aber es kann uns behindern und anfechten. Wir werden mit diesen Anfechtungen zu tun bekommen, mit Verunsicherungen und äußeren oder inneren Angriffen im Glauben, und das tut manchmal sehr weh.

Wenn der Geiz aufsteht und der Neid, die Lieblosigkeit und der Haß, die Gier und die Unkeuschheit, die Trägheit und die Abneigung gegen alles Geistliche, dann tut das weh. Jemand erzählte mir einmal: »Ich dachte, die Sünde wäre weg, aber sie kommt immer wieder!« Ja, sie kommt immer wieder, aber sie hat die Macht verloren. Der letzte Anspruch ist zerbrochen. Sie brauchen nur ein Gebet zu sprechen oder einmal mit einem Bruder zu beten und Sie erleben: Er ist da, er hat uns in den Anfechtungen nie verlassen. Der Glaubende wird seine Anfechtungen ertragen, aber er wird ihnen niemals glauben. Glauben tut er seinem Herrn und weiß, daß Er die Anfechtungen mitträgt und darin Seinen Segen wirkt.

Paulus hat diesen Kampf erlebt und die Christen aufgefordert, »die Glieder zu Waffen der Gerechtigkeit« zu geben (V. 13), »denn die Sünde wird nicht herrschen können über euch« (V. 14). Der ganze folgende Abschnitt (V. 15–23) geht um dieses Thema, wie der Christ in den Anfechtungen seines Lebens durchkommt.

Dabei ist wichtig: Wir sollen und werden im Glauben am Sieg Jesu Anteil haben und nicht von der Not der Anfechtungen bestimmt sein. Hier liegt die Entscheidung: Der Glaube denkt von Christus her und zu Christus hin, und dazwischen werden die Anfechtungen behandelt. Wer sich aber mit seinen Anfechtungen direkt und allein befaßt, der wird von ihnen bestimmt. Genau hier liegt das Problem: Ob wir uns vom Heil oder vom Unheil bestimmen lassen. Der Christ geht an alles vom Sieg aus heran und nicht von den Nöten. Die Anfechtungen werden vom Glauben her angegangen und nicht von den Anfechtungen. Nur wer an den Sieg Jesu über die Sünde glaubt, wird auch diese Erkenntnis ins Leben umsetzen können.

## e) Waffen

Dazu möchte ich noch eine kleine, aber wichtige Anmerkung machen: Paulus spricht von »Waffen« (V. 13). Dabei hat er das Bild vor Augen, daß ein Christ grundsätzlich die Fronten gewechselt hat: Früher gehörte er zur Macht der Sünde und kämpfte für die Ausbreitung der Sünde. Im Glauben aber hat er vor Jesus Christus »kapituliert« und ist von ihm in seine »Armee« aufgenommen. Nun ist der Jünger für Jesus da und Jesus für ihn. Jetzt führt er den Kampf des Evangeliums und breitet Frieden und Freude, Hoffnung und Lobgesang, Vergebung und Versöhnung aus. Dazu braucht er seine ganze Person als Waffe: Die Augen, den Mund, die Hände, die Ohren, die Füße, die Seele, den Geist, den ganzen Leib und alles, was er bekommen hat. Das alles setzt er mit Freuden ein, damit das Reich des Herrn ausgebreitet und Sein Friede vermehrt wird.

In diesem »Waffengang« Christi vollzieht sich gleichzeitig die Absage an die Sünde. Nicht wer gegen die Sünde kämpft, kämpft recht gegen die Sünde, sondern wer sich im Glauben für seinen Herrn einsetzt, der gewinnt Anteil an Seinem Sieg. Sein Sieg gehört auch mir, und wenn ich bei ihm bin, ist dieser Sieg bei mir. Kümmere ich mich um die Nöte, dann muß ich aufpassen, daß ich nicht bei ihnen bleibe und von ihnen bestimmt werde. Bin ich bei Christus, dann bin ich auf der Seite seines Sieges. An keiner Stelle meines Lebens wird der Glaube an den Sieg sichtbarer, als wenn ich mitten in Anfechtungen das Loblied singe, der Gemeinde diene, bete und das Evangelium weitersage.

Nöte und Anfechtungen, Ängste und Traurigkeit, Niederlagen und Schuld wird es geben, aber sie haben kein Sein. Größer als alles, auch als unser eigenes Herz, ist der gegenwärtige Herr. Wir glauben, daß er, »der in uns angefangen hat das gute Werk« (Phil. 1,6), es auch um seinet- und unsertwillen vollenden wird.

## f) Zum Thema Taufe

Aus Römer 6 kann man keine Tauflehre entwickeln, weil Paulus dies in seinen Aussagen nicht hergibt. Wer nach der

Taufe fragt, muß bestimmte Fragen stellen und dazu die Antworten suchen:

– Woher kommt die Taufe im Alten Testament und zur Zeit Jesu?

– Was bedeutet sie und was bedeutet sie nicht? Warum hat Johannes der Täufer getauft und Jesus nicht? Wie kommt es, daß Paulus nur wenige Menschen taufte, aber selbstverständlich von der Taufe sprach?

– Wie kam es in der frühen Christenheit von der Glaubenstaufe zur »Kirchen- und Kindertaufe«?

– Wir müssen bei den verschiedenen Taufpraktiken nicht nur nach den Praktiken fragen, sondern danach, was jede Taufpraxis meinte und woher sie ihr Verständnis gewonnen hatte. Der Unterschied zwischen baptistischer Glaubenstaufe und kirchlicher Kindertaufe der Lutheraner liegt zum Beispiel nicht vorrangig in der Praxis, sondern in einem anderen Gemeindeverständnis, das sich allerdings dann auch in der Praxis niederschlägt.

– Es wird zu entdecken sein, wie in der Kirchengeschichte auf der einen Seite die Taufe zu hoch und die Bekehrung zu niedrig bewertet wurde; wie man es auf der anderen Seite umgekehrt machte, und die Bekehrung zu wichtig und die Taufe zu gering achtete. Bei jeder Überzeichnung hatte es vorher geistige Fehlentscheidungen gegeben, die von den Betroffenen zunächst nicht gesehen wurden. Als man diese Fehlentwicklungen entdeckte, war es meistens zu einer Korrektur zu spät.

– Die Frage nach der Taufe ist immer auch eine Frage nach dem Gemeindeverständnis: Ist die Gemeinde (oder die Kirche) die Gemeinschaft des Wortes (das heißt da, wo Gottes Wort verkündigt wird), oder ist sie die Gemeinschaft der Gläubigen, so daß das Gläubigsein die Grenzen der Gemeinde bestimmt? Neben dieser Frage spielt noch das Problem des Verstandes (Ratio) und des Gefühls eine Rolle. Viele Gemeinden »empfinden« biblisch, denken aber rationalistisch.

– Die Frage nach der Taufe und die nach dem Abendmahl können nicht getrennt werden. Beide sind vom Herrn eingesetzt und müssen darum beide in einem Atemzug bedacht werden. Damit steht man aber vor der schwierigsten Frage: Wie hat Jesus selbst Taufe und Abendmahl verstanden? Können wir diese Frage noch beantworten, oder müssen wir hier vorsichtig auf das hinweisen, was sich in der Geschichte der Gemeinde Jesu als evangeliumsgemäß entwickelt hat?

Auf jeden Fall gehe man mit der Tauffrage behutsam und sorgfältig um.

Vor vielen Jahren hat mein Seelsorger mir den überaus guten Rat gegeben, den ich hier weitergeben möchte: »Wenn es um die Taufe und um das Abendmahl geht, dann darfst du nicht streiten; sondern dann höre zu und laß dir etwas sagen. Was du aber selbst glauben willst, das bekenne und bezeuge friedlich und freundlich. Denn Taufe und Abendmahl sind aus Seiner Liebe geboren, und wir wollen sie nicht zerstreiten!«

Ich habe diesen Rat gehört und befolge ihn, so gut ich kann. Ich meine, er kann allen helfen.

### 3. Frei vom Gesetz (7)

Nun kommen wir zu einem der interessantesten Kapitel des Römerbriefes. Es gibt Theologen, die meinen, man könne an diesem Kapitel nachweisen, ob man die Botschaft des Paulus verstanden habe oder nicht. Nun will ich hoffen, daß ich wenigstens die Richtung dieser großen und schweren Erkenntnisse des Paulus sehe. Auch bei diesem Kapitel sollten wir im Hinterkopf behalten: Paulus hat alle seine Erkenntnisse durch die Begegnung mit dem Herrn. Wer vom Heil Jesu nichts weiß, der wird auch wenig vom rechten Gebrauch des Gesetzes wissen.

Das Thema des Kapitels ist: Wie tue ich als Christ Gottes Willen, wie folge ich seinen Geboten? Oder anders ausgedrückt: Paulus beschreibt in Kapitel 7, wie die »Gerechtigkeit, die aus dem Glauben an Jesus Christus kommt«, denn nun im Blick auf das Gesetz verstanden und gelebt werden kann. In Kap. 6,15 hat er bereits darauf hingewiesen, daß die Sache mit dem Gesetz wichtig ist. Ich will erklären, warum das so ist:

Die Judenchristen kamen allesamt aus der Tradition des jüdischen Glaubens. In der Mitte dieses Glaubens stand und steht der Pentateuch, das Gesetz, das sind die 5 Bücher Mose. Dort ist die Geschichte Israels aufgezeichnet; zum Beispiel die Berufung des Mose (2. Mose 3) und die Gesetzgebung am Sinai (2. Mose 19–32). Die wichtigsten Abschnitte dieser dramatischen Ereignisse sollte auch jeder Christ kennen.

Nun war es für die Judenchristen die Frage, ob sie als Christen das Gesetz weiterhin halten müßten oder nicht. Es war ja Gottes Gesetz, und Gott hatte Fluch und Segen an dieses Gesetz gebunden (2. Mose 19,5–6; vgl. 5. Mose 8,11.18–20; 27,26). Darauf mußte Paulus antworten.

Für die Heidenchristen, auch für uns Christen heute, ist dieses Kapitel darum so wichtig, weil wir Auskunft geben müssen, wie wir den Willen Gottes im Glauben tun wollen und wie nicht. Der Christ lebt in der Versöhnung Jesu und darum im innersten Einklang mit dem Herrn. Deshalb fragt er sich immer wieder: *Wie tue ich den Willen meines Gottes, den ich liebhabe?*

Als ich in einen Jugendkreis eingeladen war und die Jugendlichen alle mindestens zwanzig Minuten zu spät kamen, bemerkte ich freundlich, aber deutlich, daß diese Art von Umgang doch ausgesprochen schlampig sei. Daraufhin meinte der Vikar: »Sie sind aber gesetzlich!« Ich wußte in dem Augenblick nicht, ob ich lachen sollte, daß er ausgerechnet jetzt vom Gesetz sprach, oder ob ich über soviel Unbildung eines Vikars weinen sollte. Ich habe mich dann fürs Lachen entschieden.

Diese kurze Szene soll zeigen, daß wir es bei der Frage nach dem Gesetz und der Gesetzlichkeit mit Grundaussagen unseres Glaubens zu tun haben, die klar sein müssen.

Bitte lesen Sie nun zuerst das Kapitel durch. Es teilt sich in drei Abschnitte:

*V. 1–6:* Wir sind seit der Auferstehung Jesu dem Gesetz abgestorben und gehören dem lebendigen Herrn an. Das Gesetz geht die etwas an, die unter der Sünde sind, aber nicht die, die in der Macht der Auferstehung leben.

*V. 7–13:* Wer sich mit dem Gesetz abgibt, der kommt

nicht zum Frieden, sondern landet in der Sünde und beim schlechten Gewissen.

V. 14–25 setzt den Gedanken fort: Wer sich mit dem Gesetz befaßt, der erkennt sein Elend. Der Christ aber erkennt Christus.

Zunächst will ich kurz dem Begriff »Gesetz« nachgehen, dem weltlichen Gesetz und dem Gesetz Gottes, das dem Volk Israel durch Mose gegeben ist. Diese beiden Gesetzesvorstellungen dürfen wir nicht durcheinanderbringen.

Anschließend werde ich das paulinische Verständnis von »Gesetz« anhand von Römer 7 aufzeigen. In den Schlußfolgerungen werden wir dann die Frage behandeln, wann ein Christ (eine Kirche, Gemeinde) gesetzlich lebt und wann nicht.

## a) Menschliche Gesetze

Wo Menschen miteinander leben wollen, muß es Ordnungen und Gesetze geben, damit das Miteinander gelingt. Nur so können wir in Familien, in der Gesellschaft, im Staat und im internationalen Umgang zurechtkommen. Alle Gesetze sollen dem Leben der Menschen und der Gesellschaft dienen und haben ihr Recht. Die Gesetze sind soweit wirkungsvoll, als der Staat die Mittel hat, sie notfalls auch mit Macht durchzusetzen. Wenn ein Gesetz gemacht wird, das dem Leben nicht dient, muß es wiederum eine gesetzliche Möglichkeit geben, damit dieses Gesetz geändert wird. Unter »Gesetzen« verstehen wir also zunächst die staatlichen Ordnungen, die das Miteinander regeln.

## b) Das Gesetz des Mose

Unter Gesetz in der Bibel verstehen wir die 5 Bücher Mose und im engeren Sinne die Gebote und Weisungen, die Mose von Gott für das Leben des Volkes Israel bekommen hatte (siehe 2. Mose 20ff.). Dieses Gesetz Gottes war Ausdruck seines heiligen und guten Willens. Israel war und ist sehr stolz darauf. Durch das Gesetz und den Bund, den Gott mit Israel geschlossen hatte (beides läßt sich nicht trennen!), war und ist Israel das Volk Gottes. Im Gesetz des Mose geht es um die Beziehung Gottes zu seinem Volk und umgekehrt. Es war und ist für den gläubigen Juden undenkbar, am Gesetz herumzukritisieren oder es fallenzulassen. Es ist ihm höchste und heiligste Pflicht und Freude, den Willen Gottes zu tun. Daß das Halten des Gesetzes mit Opfern und Lasten verbunden ist, spricht bei einem gläubigen Juden für und nicht gegen das Gesetz.

### c) Konsequenzen des Gesetzes

Das Gesetz berührte also den innersten Nerv des jüdischen Glaubens. Wer sich jedoch mit einem heiligen Gebot Gottes einläßt, der muß dieses Gebot auch heilighalten. Wer den Willen Gottes tun will, der muß ihn auch immer tun. Die Grundfrage, die das Judentum natürlich von altersher hatte, war, ob ein Jude nun auch den Willen Gottes getan hatte und ob mit dem äußeren Tun auch das Tun und Empfinden des Herzens im Einklang war. Auf diese Fragen hat Israel unendlich viel Liebe und Sorgfalt verwandt, aber auch die Not und den unauflöslichen Konflikt erleiden müssen, der sich in einer Gesetzesreligion von diesem Format verbirgt.

Dieses Problem findet sich in jeder Gesetzesreligion: Der Mensch erlebt und erfährt seine Trennung von Gott und erlebt: Wenn Gott mir seinen Willen sagt, dann kann ich theoretisch durch mein Handeln mit Gott in Einklang kommen. Aber praktisch gelingt das nicht, denn zwischen ihm und mir steht der Unterschied des Gottseins zum Menschsein, und dazwischen steht das Gesetz. Das Gesetz hebt diesen Unterschied gerade nicht auf, sondern vergrößert ihn. Je mehr ich den Willen Gottes tun will, um so deutlicher wird der Unterschied zwischen mir und Gott. Ich weiß, was er will, und erkenne, daß ich seinen Willen nicht tun kann. *Diese* Erkenntnis ist die eigentliche Last des Gesetzes: Ich bin verdammt, mit mir allein zu sein, trotz der schönen Gesetze Gottes. Und wenn ich ihnen folge, komme ich nicht näher an Gott heran, sondern erfahre immer mehr, wie anders und wie weit entfernt ich von Gott bin. Zu dieser Erkenntnis kommt dann die Last des Gewissens für den, der Gottes Gesetz wirklich tun will, denn er muß sein Scheitern erleben. Dies alles sagen wir als Christen, die das Gesetz von Christus her begreifen.

Es gäbe noch viel zu sagen, welche Grundfragen bei jeder Gesetzesreligion aufbrechen müssen. Aber nun zu Paulus.

### d) Das Gesetz bei Paulus

Paulus geht es in Kapitel 7 nicht um staatliche Gesetze, sondern um die Frage nach dem Gesetz des heiligen Gottes. Zusammengefaßt schreibt er:

Nicht das Gesetz bewirkt das Heil Gottes. Der Gerechtfertigte wird *durch seinen Glauben* leben, nicht durch das Gesetz. Der Christ jedoch wird den Willen Gottes tun, weil er gerechtfertigt ist.

Ich möchte im folgenden dem Gedankengang des Kapitels nachgehen.

### Der Christ gehört in den Machtbereich Jesu (V. 1–6)

Der Jünger Jesu gehört in den Machtbereich des auferstandenen Herrn, und darum nicht mehr unter die Macht des Gesetzes.

Um das Verhältnis des Christen zum Gesetz zu beschreiben, führt Paulus seine Leser zum auferstandenen Herrn. An ihn glauben die Christen. Er hat den Tod hinter sich. Der Christ glaubt nicht mehr an ein Gesetz, sondern an den, der Herr über den Tod ist. Der Standort des Christen ist also der Auferstandene. Im Glauben leben wir bereits bei Ihm.

Um ein Bild zu gebrauchen: Ein amerikanischer Staatsbürger, der in Deutschland herumreist, hat seinen Wohnsitz trotzdem in Amerika. Er fährt zwar durch die deutschen Lande, aber wenn es zu einem Konflikt mit dem Gesetz kommen sollte, kann sich der US-Bürger auf seine Regierung und die rechtliche Hilfe seines Landes berufen. Er gehört juristisch in ein anderes Land.

Genauso ist das mit dem Christen: Er beruft sich auf Jesus, den Gekreuzigten und Auferstandenen, der nicht mehr der Geschichte unterworfen ist, sondern mit Gott herrscht. Bei ihm wohnt der Christ, zu ihm gehört er. Christus spricht *sein* ewiges Recht, und das lautet für alle, die ihm glauben: Du sollst leben!

Der Christ gehört also nicht mehr sich selbst, nicht mehr der Sünde (Kap. 6), aber auch nicht mehr dem Gesetz – sondern dem auferstandenen Herrn.

Ja, als wir noch unerlöst lebten, »im Fleisch« (V. 5–6), da hatte das Gesetz über uns Macht, aber jetzt, da wir bei Christus im Frieden leben, hat das Gesetz die Macht verloren. Als wir im Fleisch lebten, hat das Gesetz in uns die Leidenschaften geweckt; bei den vielen Verboten wurden wir ganz wild darauf, diese Verbote zu übertreten. Und wenn wir die Verbote übertreten hatten, machte uns das Gesetz ein schlechtes Gewissen. Wir stürzten von einer Gier in die andere und kamen von einem schlechten Gewissen zum nächsten. Das war damals so. Aber jetzt haben wir Frieden mit Gott. Unser Leben ist geborgen, unser Herz ist erfüllt, weil es in Christus ruht.

Ich fasse zusammen: Es geht Paulus um den wirklichen Machtanspruch und damit den verbindlichen Rechtsanspruch Jesu. Da Kreuz und Auferstehung bei Gott »rechtskräftig« sind, sind auch die Christen rechtmäßig vom Gesetz entlassen, wenn sie bei Christus sind. Und der Glaubende ist bei Christus.

Das Gegenteil von Gesetzesmacht ist also nicht eine chaotische Macht, sondern die Christusmacht.

Bin ich ohne Christus, dann gehöre ich zur Sünde und zum Gesetz. Bin ich aber in Christus, dann gehöre ich weder zur Sünde noch zum Gesetz. Das alte Leben war unter der Sünde und unter dem Gesetz. Das neue Leben ist im Glauben bei Jesus Christus. Der Friede Gottes kommt nicht durch das Gesetz, sondern allein durch Christus. Wer dem Gesetz folgt, erkennt die Sünde. Wer aber dem Heiland glaubt, bekommt das Heil und ist dem Gesetz entronnen.

*Ist das Gesetz Sünde? (V. 7–25)*

Die Verse 7–13 gehören zu V. 5 und die Verse 14–25 zu

V. 6. Der Abschnitt *V. 7–13* sagt aus, was das Gesetz bedeutet, wenn man nicht zu Christus gehört. In *V. 14–25* bezeugt Paulus, daß das Gesetz für den Christen nichts mehr bringen kann. Es bleibt die berühmte Frage, wie der Christ, der ja im Glauben bei Christus lebt, aber durch seine leibliche Existenz auf der Erde ist, denn nun seine beiden Existenzweisen leben und aushalten soll. Luther hat mit seiner berühmten Formulierung »simul iustus et peccator«, »Gerechter und Sünder zugleich«, das rechte Wort gefunden?

Paulus setzt noch einmal ganz gründlich an und fragt: Ist das Gesetz nun Sünde? Hat es keinen göttlichen Auftrag? Ist es möglicherweise selbst böse? – Nein, das Gesetz ist von Gott und ist heilig. Aber die Zielvorstellung, die wir hatten, ist falsch. Wir meinten, daß ein Gesetz doch gegeben ist, damit man es hält. So ist es in der Gesellschaft und im Staat und dabei soll es auch bleiben. Aber bei Gott ist das ganz anders.

Das heilige Gesetz Gottes hat einen ganz anderen Sinn als den, daß ich es befolge, um mich dann ruhig in die Sofaecke zu legen und zu sagen: »Ich habe alles richtig gemacht!« Das Gesetz hat den Auftrag, die Sünde zu wecken und den Menschen zum Scheitern zu bringen (3,20). So wie ein Hund vom Lärm geweckt wird und anfängt zu bellen, so weckt das Gesetz die Herzen im Tiefsten auf, und wir erleben, was in uns sitzt. Wer dem Gesetz Gottes begegnet, der wird nicht besser, sondern dem wird im wahrsten Sinne des Wortes schlecht.

Die Sünde war immer schon da, und der Abgrund der Hölle verbarg sich in jedem Menschenleben. Aber das alles kommt nicht ans Licht, es wird verdrängt und »schläft«. Wenn aber das Gesetz Gottes an uns herankommt, dann wacht die schlafende, doch stets gegenwärtige Sünde in uns auf und beginnt uns furchtbar zu jagen und zu zerreißen.

Wenn zum Beispiel ein Mensch kritisiert wird, dann wacht plötzlich in ihm ein nie gekannter Haß gegen Kritiker auf. Mir sagte einmal jemand, der durch eine Kritik tief verletzt war: »Ich könnte den umbringen!« Die Kritik eines anderen hatte in ihm Haß geweckt. Nun war er aber nicht bestürzt darüber, daß er so leidenschaftlich hassen konnte, sondern er dachte nur an den, den er haßte.

Genau dies ist die Macht des Gesetzes: Sie weckt in uns die Sünde, und wir müssen erkennen, wie grauenhaft unsere Gottlosigkeit und Menschenverachtung ist.

Nie erlebt der Mensch so sehr seinen Abgrund, wie wenn er den Anspruch Gottes im Gesetz erlebt. Aber genau dann, wenn er an sich, an Gott und an Menschen scheitert, kann er reif werden, nicht mehr auf sich selbst, sondern auf Gott zu vertrauen. Paulus kann sagen: »Das Gesetz ist unser Zuchtmeister auf Christus hin!« (nach Gal. 3,24) Da also liegen Ziel und Sinn des heiligen Willens Gottes: Der Mensch soll nicht mehr auf sich und seine Kräfte vertrauen, sondern er soll allein auf Gottes Kraft und Gabe hoffen. Dahin will Gott den Menschen führen. Um dies zu erfahren und zu lernen, bekam Israel das Gesetz, ja, bekommen alle Menschen auch durch Israel mit diesem heiligen Gesetz zu tun.

Ist das Gesetz Sünde? Nein, aber »ich erkannte die Sünde nicht, außer durch das Gesetz« (Röm. 7,7). Je besser ein Mensch sein will, um so furchtbarer wird das Erwachen über sich und andere, wenn er erkennt, wieviel Gier und Gemeinheit in uns stecken.

Von dieser Erkenntnis her können wir auch feststellen, daß sowohl im persönlichen Leben als in der Geschichte eines Volkes oder der Völker immer dann die Abgründe aufbrachen, wenn man besonders gut sein wollte.

Könnte es sein, daß der deutsche Idealismus, der so große und herrliche Ziele hatte, jene zerstörerischen Kräfte in unserem Volk wachrief, die dann in und zwischen den Weltkriegen 1914–1918 und 1939–1945 tobten? Kann es sein, daß immer dann, wenn sich ein Volk, eine Gruppe oder eine Kultur anschickt, besonders moralisch zu sein, die Erfahrung des Unmoralischen nicht lange auf sich warten ließ? Sind zum Beispiel die Terroristengruppen nicht am Anfang immer mit einem besonders hohen Anspruch auf Erneuerung angetreten, und mußten sie nicht erfahren, wie Haß und Zerstörung folgten?

Sind wir Christen nicht im gleichen Elend? Ist es unter

uns nicht auch so, daß gerade dann, wenn wir irgendwo besonders fromm und vorbildlich sein wollten, die gegensätzlichen Kräfte der Gottlosigkeit aufstehen und das ganze schöne Frommsein zerbrechen? Weiß nicht auch die Kirchengeschichte eine Menge davon zu berichten, wie echte und geisterfüllte Bewegungen auch zum Aufbruch des Dunklen und Satanischen führten?

Denken wir an unser persönliches Leben: Wir wollten oft das Gute tun und möglicherweise besser und frommer sein als andere. Dabei erlebten wir, wie sich die Dinge unter der Hand, keiner wußte wie, in Trivialität und Häßlichkeit verwandelten.

Ich fasse zusammen: Wer von sich aus das Gute und Heilige will, der erfährt, wie die Kräfte des Bösen und Unheiligen in ihm und anderen aufbrechen und alles Schöne zerstören. Das liegt nicht daran, daß irgendeiner etwas falsch machen wollte, sondern es rührt daher, daß das innerste Wesen in uns böser ist, als wir ahnen. Wenn wir von uns aus gut sein wollen, dann werden wir erfahren, wie böse wir sind.

»Denn ich weiß, daß in mir, das heißt in meinem Fleische, nichts Gutes wohnt. Wollen habe ich wohl, aber das Gute vollbringen kann ich nicht. Denn das Gute, das ich will, das tue ich nicht; sondern das Böse, das ich nicht will, das tue ich.« (V. 18–19)

Damit hat Paulus jedem, der das Gesetz als heilmachend ansehen möchte, den Boden entzogen: Das Gesetz Gottes ist gut, aber wir sind es nicht. Wer Gutes tut, der ist eben noch nicht gut, sondern er muß erfahren, daß das Böse in seinem Herzen aufbricht. Dennoch müssen wir das Gute wollen und tun.

*Das Gesetz und das Leben des Christen (V. 14–25)*

In *V. 14–25* behandelt Paulus das christliche Leben. Auch hier gilt der Satz: Das Gesetz wird dem Christen für sein Heil nicht helfen, sondern ihm nur die ganze Gespaltenheit des Lebens deutlich machen.

Paulus beantwortet damit die Frage von Christen in Rom, ob man nicht als Christ den Willen Gottes tun könne, ja, ob nicht gerade die Gnade Christi den Menschen dazu befähige, den Willen Gottes zu erfüllen und also dem Gesetz zu gehorchen. Diese Frage haben wir als Christen heute ja auch, und wir erwarten von uns selbst, daß wir es in der Vollmacht des Glaubens schaffen, den Willen Gottes zu tun.

Bevor wir uns zu schnell auf unsere dogmatischen Überzeugungen zurückziehen, wollen wir weiterlesen, was Paulus sagt. Er bleibt dabei: Ich will das Gute tun, aber ich schaffe es nicht (V. 19). Ich erlebe in mir einen unauflösbaren Widerspruch: Versuche ich das Gute zu tun, dann erfahre ich die Gefangenschaft der Sünde. Es ist, als wenn Paulus jedem, der mit dem Gesetz umgehen will, sagt: Macht euch nichts vor, das Gesetz bringt uns alle ins Elend. Vom Gesetz kommt kein Heil, auch für uns Christen nicht. Und wer sagt, er möchte das Gesetz in der Kraft Christi befolgen, oder er möchte aus Dankbarkeit für die Erlösung den Willen Gottes beachten und tun, der wird im geistlichen Elend landen, im Widerspruch, im schlechten Gewissen, im Anklagen anderer, im Mißtrauen gegenüber sich und Gott – und eines Tages wird für ihn dieser herrliche, rettende Jesus-Glaube verwelken, und der Mensch wird überhaupt nichts mehr glauben. Dieses Elend hat jeder vor sich, der sich mit dem Gesetz einläßt.

Man schaue sich viele liebe und fromme Menschen an, die einmal geistlich im Evangelium begonnen haben und sich dann aus Angst und Unsicherheit ein Gesetz nach dem anderen aufhalsen ließen und meinten, wenn man dies nicht mehr täte und jenes verböte, dann müßte man doch heiliger und vor Gott sauberer werden. Aber sie wurden nicht heiliger und nicht gewisser, ihre Gesichter wurden nicht heller und ihr Glaube nicht mutiger, im Gegenteil, sie wurden zu christlichen Karikaturen, die niemanden mehr überzeugen und zum Evangelium rufen konnten. Ihr ganzes Frommsein bestand zum Schluß aus Verboten und Verdächtigungen. Sie hatten geistlich begonnen und endeten im Elend.

Es bleibt dabei: Jede Stütze, die wir uns zusätzlich zum Evangelium bauen, jede Krücke, die wir unserem Glauben unterklemmen, machen das Evangelium ärmer und den Glauben ungewisser.

Aber je eindeutiger und gewisser ich mich allein auf Jesus Christus berufe und nur durch ihn, durch keine andere Macht und Moral der Welt selig werden möchte, um so froher wird das Christsein und um so heller wird unser Gesicht, um so mutiger wird unser Zeugnis und um so fröhlicher klingt das Lied: »Dank sei Gott durch Jesus Christus, unsern Herrn!« (V. 25)

Schaue ich aufs Gesetz, muß ich im Elend klagen, schaue ich auf Jesus, dann kann ich herrlich danken!

Es ist wahr, was ein geistlicher Mann einmal zu mir sagte: »An Römer 7 lernt man, was lebendiger Glaube ist: Jesus allein!«

Nun kommt jedoch zu diesem Kapitel eine Schlußbemerkung, die wir entdecken müssen. Dieser letzte Satz scheint zunächst kaum ins Gewicht zu fallen, doch plötzlich merkt man, daß dieses »Schlußlicht« in Römer 7 ein Problem aufdeckt. Nur wir Christen haben es, aber wir müssen es auch lösen, wenn unser ganzer Glaube nicht gefährdet sein soll. Wer Röm. 7,25b übersieht, der hat sich einen lebenslangen Konflikt eingehandelt, der ihm teuer zu stehen kommen wird. Es ist mir, als wenn Paulus uns mit diesem kurzen Satz vor viel Schaden bewahren wolle und – wie die Geschichte der Kirche gezeigt hat – bewahrt hat, wo man auf ihn hörte.

## Die Spannung muß bleiben (V. 25b)

»So diene ich nun mit dem Gemüt dem Gesetz Gottes, aber mit dem Fleisch dem Gesetz der Sünde« (25b).

Dieser Satz kann uns völlig verwirren, und es ist nur zu verständlich, wenn sich viele Theologen heftigst über die Bedeutung dieser Aussage gestritten haben. Was hat Paulus gemeint? Ich will versuchen, zu erklären, wie ich den Satz und seine Aussage verstehe.

Dabei gehe ich immer davon aus, daß Paulus nur ein Interesse hat: Er will das Evangelium verkündigen. Das stimmt auch für diesen Vers. Also will Paulus hier etwas klären, das dem Glauben und dem Evangelium dient. Von dieser Grundannahme her lese ich folgendes heraus:

Paulus zeigt den Konflikt des Christen auf. Er lebt im Glauben ganz beim Herrn und will nichts anderes, als seinen Willen tun und in seiner herrlichen Gemeinschaft leben. Gleichzeitig aber lebt der Christ in dieser Welt, im Leib, in der Geschichte, in der Anfälligkeit des sterblichen Menschen und in der Anfechtbarkeit durch die Sünde. Dieses immer noch Verhaftetsein in dieser Welt nennt Paulus »Fleisch«. Wir sind »im Fleisch«, solange wir auf dieser Erde sind. So kann Paulus sagen, daß er mit seinem »Gemüt«, das heißt mit seinem innersten Wollen, seinen besten Absichten und vernünftigsten Einsichten, dem Willen Gottes dienen will. Gerade der Wille Gottes läßt im Christen aber die Sünde wachwerden. Es ist also eine paradoxe Situation eingetreten: Die Einheit mit Gott und die Erkenntnis des Willens Gottes weckt in uns die Sünde auf und beunruhigt stets unser Gewissen.

Diese große Spannung in unserm Leben ist kein Zeichen von Schwäche, sondern Zeichen der Gegenwart Jesu in unserem Leben. Nach Luther wird diese Spannung so beschrieben: »Simul iustus et peccator« (Gerechter und Sünder zugleich). Das ist keine billige Entschuldigung für Sünde, sondern beschreibt die unauflösbare Spannung, in die jeder Christ kommen muß. Wer im Glauben lebt, muß auch diese Spannung ertragen und erleiden. Bleiben wir in dieser Spannung, so bleiben wir beim Herrn. Darum ist auch das Eingeständnis, Sünder und Gerechter zu sein, das Zeichen echten geistlichen Lebens. So höre ich in unserem Vers Mahnung, Trost und mutigen Zuruf des Paulus, in dieser Spannung zu bleiben, um damit beim Herrn zu bleiben.

*Es gibt hier zwei große Versuchungen, die Spannung aufzuheben*

Auf der einen Seite befinden sich die Schwärmer, die den Glauben an Jesus Christus ohne Sünde, ohne Probleme und ohne Krisen haben wollen. Der Schwärmer meint es immer ernst mit seinem Glauben, aber er möchte nicht leiden an der Geschichte, er möchte den Himmel schon jetzt haben. Und das wird nie gelingen, darum muß der Schwärmer scheitern und sich irgendwann enttäuscht abwenden.

Der andere Versuch, die Spannung aufzuheben, besteht darin, daß man sich mit der Sünde abfindet und den Glauben zu einem reinen Lippenbekenntnis macht. Dann wird der Mensch in seiner ganzen Haltung lässig, läßt fünf gerade sein und zitiert das Wort Luthers, das eben auch der Gerechte noch Sünder sei. Dann ist aber dieses Wort kein Trost mehr, sondern ein Freifahrschein ins zuchtlose Leben. Davor bewahre uns der Herr.

*Der geistliche Mensch wird die Spannung ertragen*

Er wird im Glauben an Jesus Christus ganz im Heil und ganz in der Freude leben. Er wird in seinem Gemüte denken und tun, was vor Gott recht ist. Gleichzeitig wird er im Fleisch die Anfechtung und die Wirklichkeit der Sünde erfahren.

Er wird der Heuchelei widerstehen, die so tut, als wäre der Christ sündlos und ohne Anfechtung. Aber er wird auch der Lässigkeit den Kampf ansagen und nicht dulden, daß sie das Leben bestimmt; denn er gehört dem Herrn und nicht mehr der Sünde.

In dieser Spannung jedoch glaubt der Christ die Gegenwart Jesu. In diesem unauflösbaren Zwiespalt erfährt der Christ den Trost des Herrn, der zu ihm sagt: »Laß dir an meiner Gnade genügen, denn meine Kraft ist in den Schwachen mächtig!« (2. Kor. 12,9)

Dieser Zuspruch Seiner Gnade gilt dem, der mit und in Christus die Last der Welt auch an sich selbst erträgt. Würde der Christ aus diesem Leid flüchten, dann würde er vor dem Trost flüchten. Wird er aber hier glaubend durchhalten, dann wird Sein Trost bei ihm bleiben.

So hat diese Spannung einen tiefen und unaufgebbaren Wert für den Glaubenden: Sie treibt ihn zum Herrn und läßt den Herrn zu ihm kommen. Aus diesem Grundverständnis kann ich sofort verstehen, wenn Paulus fortfährt: »So gibt es nun keine Verdammnis für die, die in Christus Jesus sind . . . die nicht nach dem Fleisch wandeln, sondern nach dem Geist!« (Röm. 8,1.4)

*Schlußfolgerungen:*

– Wir werden als Christen stets dafür sorgen, daß wir für uns und andere Gesetz und Evangelium unterscheiden. *Im Evangelium* wird mir das Heil Jesu geschenkt. Ich kann es nur im Glauben annehmen, ich kann das Heil nicht machen und verdienen. *Im Gesetz* wird die Sünde aufgedeckt. Mit dem Gesetz und menschlichen Ordnungen können wir das Leben gestalten. Was immer wir per Vernunft erkennen und gestalten können, unterliegt dem Gesetz.

– *Gesetzlich* ist nicht der Mensch, der Ordnungen einhält, sondern der mit dem Einhalten von Ordnungen und mit der Durchführung von gewissen Lebensgestaltungen das Heil Gottes machen und stützen will. Wer Ordnungen einhält, die dem Leben des einzelnen oder der Gemeinschaft dienen, der ist nicht gesetzlich, sondern ordentlich.

– *Ordnungen* gehören zu Absprachen, die von der Gemeinschaft getroffen werden, damit das Leben des einzelnen wie auch der Gemeinschaft gelingen kann. Der Christ hat zur Schöpfung ein versöhntes Verhältnis, darum wird er lebenserhaltende Ordnungen einhalten.

– Der Christ wird in den *Handlungen des persönlichen und gesellschaftlichen Lebens* stets auf die bestmögliche Entfaltung des Lebens achten. In dieser Absicht werden viele Entscheidungen eine Ermessensfrage, aber niemals eine Seligkeitsfrage sein.

– Die Erkenntnis, daß der Christ *Gerechter und Sünder zugleich* ist, kann nie eine Erlaubnis für Sünde und Schlampigkeit sein, sondern muß als Trost für jene Augenblicke verstanden werden, wo die Unauflöslichkeit vom Leben im Glauben und in der Sünde deutlich werden.

## 4. Frei vom Tod (8)

Man hat das 8. Kapitel des Römerbriefes die »Königin unter allen Kapiteln der Heiligen Schrift« genannt. Ich weiß nicht, wer dieses Wort gesagt hat, aber ich kann dem nur zustimmen. Dieses Kapitel gehört mit zu den schönsten der Heiligen Schrift, und jeder Christ sollte es einmal in seinem Leben auswendig gelernt haben.

Der Aufbau:

*V. 1 – 11:* Wir sind »in Christus« im Heiligen Geist und sind frei.

*V. 12 – 17:* Nun leben wir nicht mehr nach dem »Fleisch«, sondern wir sind Kinder Gottes.

*V. 18 – 30:* Wir seufzen alle noch unter der Vergänglichkeit, aber wir haben eine lebendige Hoffnung.

*V. 31 – 39:* Überwältigender Lobgesang: »Ich bin gewiß.«

Bitte lesen Sie das Kapitel gründlich durch, wenn Sie es nicht schon auswendiggelernt haben. Bei diesem großen und schönen Kapitel will ich eine gewisse Breite und Weite wagen, damit wir Zeit finden, den vielen tiefen Aussagen nachzugehen.

## a) Leben als Kinder Gottes

»So gibt es nun keine Verdammnis für die, die in Christus Jesus sind . . .« (8,1)

Das sagt Paulus bewußt erst jetzt, nach Kapitel 7, in dem ja deutlich gemacht wurde, warum der Christ vom Anspruch des Gesetzes Gottes befreit worden ist.

Nun, da der Mensch den Heilszuspruch Jesu erfahren hat und glaubt, steht ihm die ganze Auswirkung des Kommens Jesu offen und wird sich in seinem Leben entfalten!

Nun, da der Mensch sich nicht mehr auf sich selbst bezieht, sondern auf die Versöhnungstat am Kreuz und befreit wurde von der Macht der Sünde und des Gesetzes;

da er aufgehört hat, sich selbst vor Gott und Menschen rechtfertigen zu wollen;

da er nicht mehr vom Wahn getrieben wird, vor sich und seinen Idealen, vor Menschen und Gott groß sein zu müssen;

da er sich nicht mehr vor dem Tod flüchten muß aus Angst vor der Vergänglichkeit und vor dem Gericht Gottes; –

nun, da der Mensch Jesus kennengelernt hat und hört, daß er in die Tiefe der Hölle und der Verlorenheit hinabgestiegen ist und sich nicht schämte, unser aller Bruder zu heißen;

nun, da der Mensch gehört hat, daß sich Jesus Christus jedem Menschen nähert und für ihn Heiland und Trost sein will;

da der Mensch vernommen hat, daß durch den Sieg am Ostermorgen der Tod für immer überwunden und alles Gericht und alle Verdammnis, aller Zorn Gottes und alles Verklagen des Feindes unter die Herrschaft Jesu gegeben ist;

nun, da der Mensch Jesus glaubt und ihm alles an Leben und Versagen, an Leid und Tod, an Schuld und Jammer anvertraut und übergibt –

nun wird nichts mehr verdammt an diesem Menschen, der in das Geheimnis Jesu geflüchtet ist.

V. 1 meint nicht, daß es nichts Verdammenswertes mehr an den Christen gäbe, sondern daß sie aus der Verurteilung, die sie verdient hätten, herausgenommen sind. Jetzt leben sie nicht mehr in eigener Selbstherrlichkeit (die selbstherrliche Lebensweise nennt Paulus »Fleisch«), sondern in getroster und völliger Abhängigkeit von Christus (das ist das Leben im »Geist«).

Damit ist *das* Stichwort gefallen: Leben im Geist! Das ist Paulus' Ziel, darauf wollte er die ganze Zeit hinaus. Das ist sein Thema, die neue Botschaft, die er der ganzen Welt zu bringen hat: *Leben im Geist.* In dieses Leben ruft er die Menschen, in dieses Leben sollen wir alle, Sie und ich! (V. 1–2.4–6.9.11.13 u.a.)

Ich kann es auch anders sagen: Das Evangelium wird verkündigt, damit Menschen aus der verfluchten Selbstherrlichkeit und Gottlosigkeit herauskommen und hineinkommen in den Frieden und in die Wahrheit des ewigen Lebens, das Gott selbst jedem Menschen schenken will! Dieses Leben ist das *Leben im Geist Gottes.*

Ohne die Jesusbegegnung und ohne den bedingungslosen Glauben gibt es für Paulus kein Leben. Entweder erfährt der Mensch Leben im Geist, oder er erfährt überhaupt kein Leben, sondern nur ein In-sich-selbst-Gekrümmtsein und Befriedigung seiner Sinne; dies kann man nicht mehr Leben nennen, weil es in Anklage und Selbstanklage führt, vom Tod gezeichnet ist und im Tod endet.

## b) Lebendige Hoffnung

An dieser Stelle ergeben sich für uns heute eine Reihe von Fragen:

Wenn der Glaube an Jesus Christus zum Leben im Geist führt, wie müssen wir Christen denn nun mit dem Sterben umgehen? Sollen wir den Tod überhaupt ernst nehmen? Müssen wir Christen eigentlich noch sterben, und was stirbt eigentlich, wenn wir sterben, was bleibt am Leben?

Wie ist es denn nun mit der ganzen Schöpfung? Muß sie auch sterben, oder darf sie leben? Aber wie kann die Schöpfung leben, wenn sie keinen Geist hat? Ist das Leben der Schöpfung überhaupt »Leben«?

Die persönlichste dieser Fragen wird wohl lauten: Wie wirkt sich das Leben im Geist im Alltag eines Christen aus? Hat der Christ nur einige andere Ansichten als ein Nichtchrist, oder bedeutet Leben im Geist eine andere Grundhaltung und damit auch eine andere Lebenserfüllung und Lebensgestaltung? Gibt es jetzt noch Mächte und Herausforderungen, die der Christ mit Recht fürchten müßte, weil sie den Glauben und das Leben im Geist gefährden könnten? Haben zum Beispiel die Geistesmächte der Ideologien und Konfessionen, der Wissenschaften und Weltanschauungen Kraft genug, um das Evangelium zu verderben und den Glauben zu vernichten? (Ich denke an die Christenverfolgungen, an den Christenhaß in den modernen Ideologien, an den Reichtum der Wohlstandsländer und an die hinreißenden Ergebnisse der modernen Naturwissenschaften!) Muß der Glaube an diesen Herausforderungen scheitern? Müssen die Christen flüchten, wenn sie den Ideen unserer Zeit begegnen?

Das sind keine theoretischen, nebensächlichen Debatten, die hier geführt werden müßten, sondern hier steht eine Grundfrage an unseren Glauben vor uns; nämlich, ob wir mit der Welt fertig werden oder ob die Welt mit uns fertig wird? Wer sich die Folgen der industriellen Revolution anschaut und auf die mächtigen Begleiterscheinungen sieht, der kann ja wohl ins Fragen kommen.

Als ich vor kurzem mitbekam, wie heftig bestimmte

christliche Kreise das Wort »Evolution« diskutierten oder auf die neueren Ergebnisse der Hormonforschung reagierten, da konnte ich tatsächlich nur raten: »Leute, lest Römer 8, und ihr werdet entdecken, daß Paulus ungeheuer zeitnah und dynamisch die Weltprobleme und die Herzensängste der Menschen vor Augen hat. Ihr werdet feststellen, wie Paulus in der Kraft des Geistes auf diese Fragen eine zeitlose Antwort gegeben hat, die in allen Zeiten immer wieder Menschen erreicht hat.«

Als Voraussetzung macht Paulus zunächst klar, daß früher die Sünde den Menschen zugrundegerichtet hat, nun aber Christus die Sünde zugrundegerichtet hat (V. 3)!

Jetzt verdammt nicht mehr die Sünde den Menschen, sondern nun verdammt Jesus Christus die Sünde. Nun, da ich bei Jesus Christus stehe (so kann jeder Glaubende sagen), werde ich nicht verklagt und verdammt, sondern jetzt verdammt Jesus Christus die Anklage des Teufels: »Ihr Höllenmächte habt keinen Anspruch auf den Menschen, den ich beschlagnahmt habe und der an mich glaubt!« Was bedeutet das?

Jesus verurteilt die Sünde und den Tod nicht, weil Sünde und Tod schrecklich wären, sondern weil er sie überwunden hat, indem er schuldlos die Sünde *aller* Menschen ertrug und den Tod sich austoben ließ! Indem Jesus sich so der Sünde und dem Tod auslieferte (und das tat Jesus in seiner leiblichen, irdischen Existenz und starb als Verfluchter am Kreuz von Golgatha), überwand er Sünde und Tod in der Auferstehung! Nun haben Sünde und Tod einen Stärkeren gefunden: Jesus Christus. Deshalb ist die Sünde dort, wo Jesus lebt und wirkt, ohnmächtige Sünde! Der Tod, der über alles verfügte und alles vernichtete, ist dort, wo Jesus wirkt, ein toter Tod!

Mit dieser Urantwort (V. 3) ist die neue Lebensweise »Leben im Geist« begründet und eingeleitet. Nun gibt es in der ganzen Welt- und Menschheitsgeschichte nur *eine* Stelle (aber diese Stelle gibt es wirklich, und es ist unsere Sache, ob wir uns dahin stellen!), wo nicht mehr die Sünde das Wort hat und herrscht, sondern wo die Sünde auf ewig besiegt und verdammt ist: Jesus Christus!

Es gibt *eine* Stelle, wo nicht mehr der Mensch Angst vor dem Tod bekommt, sondern wo der Tod seine Todesängste bekommen hat und immer haben wird: Jesus Christus!

Indem ich ihm allein glaube, komme ich aus dem Machtanspruch der Sünde heraus und in den Lebensanspruch des Geistes hinein, aus dem Machtanspruch des Todes in den Lebensanspruch des ewigen Lebens!

Nun ist Gott bei mir am Ziel, und ich bin an meinem Ziel – bei Gott, dem Vater. So kommt Gott zu uns durch den Sohn, und auf diese Weise kommen wir zum Vater durch den Sohn. Diese geschenkte und auf ewig gewollte Einheit zwischen mir und dem ewigen Gott nennt die Bibel »Leben im Geist« und begründet sie allein in der Erlösung Jesu!

Alles, was der Christ nun lebt, das lebt er in dieser Einheit. Daher ist die gesamte Ethik (das sittliche Verhalten) nicht von Gesetzen und Ordnungen, von Appellen und allerlei Übungen bestimmt, sondern von der liebenden, vergebenden und heilenden Macht Jesu. Von daher muß der Satz verstanden werden: Wir Christen tun nicht, was wir (aufgrund der Verordnung durch bestimmte Gebote) tun sollten, sondern wir tun, was wir im Glauben tun müssen und einfach nicht lassen können! »Die Liebe Jesu dringet uns«! (2. Kor. 5,14. Daß wir nie ohne Ordnungen und Übungen leben können, ist ja klar! Aber sie sind nicht das tragende Motiv.) Wenn Menschen sagen, die Christen hätten es leicht, mit dieser Freiheit zu leben, denn sie könnten sich ja nun allen Unsinn leisten, dann will ich antworten – und ich weiß in aller Schwachheit und Anfälligkeit genau, wovon ich rede:

Wer von dieser Kreuzesliebe Jesu ergriffen ist, und wem er seinen Frieden und seine Gegenwart zugesagt hat, der lebt vorsichtiger und wachsamer, liebevoller und versöhnender, als irgendein Gesetzesmensch sich dies je denken kann. Wenn schon in der menschlichen Liebe ein Verliebter Großes wagen und tun kann, wieviel mehr kann das ein Mensch, der von dem Geheimnis Jesu ergriffen ist und im Glauben Seine Liebe lebt!

Von dieser Urantwort des Paulus, der Überwindung von

Sünde und Tod durch Jesus, muß alles, was in Römer 8 folgt, begriffen werden.

### c) Das Leben mit dem auferstandenen Herrn (8,1–8)

Erst das Leben mit diesem Herrn ist überhaupt Leben. Denn dort ist Vergebung, dort ist das Wort Jesu an den Menschen, das immer wieder den Geist und das Herz erreicht, und dort besteht die ewige Einheit mit dem Vater, die niemals vergehen wird. In dieser Bindung an den Herrn erfährt der Mensch Frieden und Hoffnung. In dieser Einheit teilt der Heilige Geist Wahrheit mit. In diesem Einssein erfährt der Mensch seinen Sinn.

Was bedeutet es nun, wenn ein Mensch »fleischlich«, nicht in der Einheit mit Christus lebt?

Ohne Christus ist der Mensch allein. Er lebt für sich, er muß sein eigener Herr und sein eigener Trost sein. Er hat keine Vergebung, er muß sich ständig selbst rechtfertigen. Er weiß nichts vom Frieden mit Gott, deshalb muß er sich selbst mit allerlei Anregungen in ein »Wohlbefinden«, das er Zufriedenheit nennt, hineinversetzen. Er weiß von keinem ewigen Sinn, sondern muß sich selbst einen Sinn geben. Er weiß von keiner ewigen Hoffnung, sondern muß sich ständig in der Welt des Todes und der Vergänglichkeit selbst Hoffnungen machen. Er hat kein ewiges Du, mit dem er reden könnte, sondern muß sich mit Menschen begnügen, die mit ihm doch auch nur unverbindliche Meinungen austauschen können! Der Nichtchrist hat kein ewiges Wort, auf das er sich verlassen könnte, sondern muß sich mit den Ansichten einer verirrten und hilfesuchenden Menschheit zufriedengeben. Der Nichtchrist weiß auch von keiner Heimat und muß dem Tod entgegengehen, wie man einer unendlichen Nacht entgegengeht.

Das ist es, was Paulus »fleischlich sein« nennt. Der Mensch ist selbst Herr und muß sich sein Heil und seinen Sinn selbst machen.

Es ist wahr: Der Mensch ohne Christus ist arm dran! Paulus sagt: »Fleischlich gesinnt sein ist der Tod . . .« (Röm. 8,6) Wer nur sich selbst hat, der hat nicht viel, und er wird von Tag zu Tag ärmer – auch wenn er das selbst nicht merkt –, bis alles dahinsinkt und sich in Todesverwesung auflöst.

Nur sich selbst haben heißt, immer auch *gegen* Gott und sein Wort, gegen seine Liebe, seinen Sohn und seine Gaben sein zu müssen. Man überlege sich das einmal: Der Unglaube muß immer auch gegen Gott und gegen seine Freundlichkeit anglauben! Stellen Sie sich vor: Da will Ihnen irgend jemand wirklich etwas Gutes tun, und Sie sind immer und immer wieder dagegen! Gegen das Gute sein müssen, das mir ein Mensch gönnt, ist schon schwer, aber gegen die Güte Gottes sein wollen, stelle ich mir als die schrecklichste und schwerste aller Mühen vor, zu denen sich ein Mensch aufraffen muß.

Manchmal frage ich mich, wo der wirkliche Grund liegt, warum so viele Menschen so verbraucht und ausgepumpt sind?! Ich habe in der Seelsorge und in der Begegnung mit vielen Menschen diese Antwort gefunden:

Es ist oft nicht die Arbeit, die so müde macht, und es sind nicht die menschlichen Widerwärtigkeiten, die so belasten, sondern es ist der unentwegte Widerstand gegen Gottes Liebe, die so müde und nervös macht.

Wieviel Kraft müssen Sie aufbringen, um die Gegenwart Gottes nicht in Ihr Leben zu lassen? Was tun Sie alles, um nicht mit Gott zu rechnen, und was unternehmen Sie, um sich die Frage nach der Wahrheit und nach der Liebe nicht zu erlauben?

Wer sich die Stille gönnt und immer und immer wieder ehrlich vor sich und seinem Herrn wird, der bekommt auch einen Blick für die eigentlichen und verborgenen Nöte, unter denen die Menschen nebenan leiden.

## d) Der Geist Gottes (8,5–17)

Wir kommen nun an eine ganz entscheidende Stelle, an der wir etwas langsamer und gründlicher vorgehen müssen. Es geht immer noch um das Leben im Geist. Wir können auch sagen, es geht um das Leben »in Christus«. An dieser Stelle entscheiden sich so viele ethische und gemeindliche Fragen, daß ich Sie herzlich bitte, hier die Mühe und Geduld aufzubringen, um diesen Grundgedanken nachzugehen.

Ein Theologe sagte einmal, daß nirgendwo mehr Dummheit im Glauben geredet worden sei, als dort, wo gläubige, aber unwissende Menschen über den Heiligen Geist geredet hätten. Nun wollen wir hoffen, daß wir an dieser Stelle keinen weiteren Unsinn verbreiten, sondern etwas Klarheit und biblische Eindeutigkeit vermitteln können.

Sieben Grundgedanken zum Geist Gottes und zum Leben im Geist:

– Die erste Vorentscheidung, die getroffen werden muß, wenn man vom Geist Gottes spricht, lautet: *Der Geist Gottes ist kein »Es«*, das ein Mensch »haben« oder »gebrauchen« könnte, sondern der Geist handelt als Person, wo sich Gott in eine persönliche Beziehung zu einem Menschen bringt und der Mensch in ein persönliches Verhältnis zu Gott hineinkommt.

– Ich würde den einen *Schwärmer* nennen, der nach der Kraft des Geistes strebt und dabei über ein »Es« verfügen möchte. Zum Beispiel sagte mir einmal ein Bruder, daß wir den Geist Gottes haben müßten, damit wir dann in Zungen reden und Wunder tun könnten. Hier wurde deutlich, daß nicht mehr die persönliche und innige Einheit mit dem Herrn im Mittelpunkt stand, sondern ein Zweck, den man erreichen wollte. Der Geist Gottes wird dazu gebraucht, daß man diesen Zweck, hier das Zungenreden und das Wundertun, erreicht.

Darum ist in solchen Kreisen aufzupassen, die immer vom Geist Gottes reden und damit nicht auf das persönliche Verhältnis zum Herrn zielen, sondern andere Ziele wie Wunder und erregende Erlebnisse im Auge haben.

– Ich nenne den einen nüchternen *Glaubensmenschen*, der bezeugen kann, daß der Herr ihm ein lebendiges, persönliches Verhältnis geschenkt hat, so daß er in festem Vertrauen und in liebender Einheit das Leben mit Ihm leben kann. Wo dies geschieht, kann man auch sagen: »Der Geist Gottes wohnt in mir.« Dieses persönliche und innige Verhältnis zwischen dem Herrn und mir wird begründet und erhalten durch sein Wort und sein heiliges Mahl; es wird von mir beantwortet mit Glauben und kindlichem Vertrauen im Gebet.

– Nun kann es geschehen, daß in diesem Verhältnis zwischen Gott und Mensch der Herr *Gaben* und außergewöhnliche Begebenheiten schenkt. Es kann sein, daß jemand in Zungen spricht, Wunder tut oder andere besondere Begabungen ausübt. Bei ihm sind diese Gaben und Möglichkeiten aber Folgen der Einheit im Geist mit Gott, die der Herr geben kann, nicht das Ziel und der Zweck des Gottesverhältnisses.

– Hier liegt der entscheidende Unterschied: Wer die Gaben und Folgen des Geistes Gottes will, der steht immer in der Gefahr, Gott »haben« zu wollen, um damit seine eigenen Macht- oder Geltungsgelüste zu befriedigen. Wer aber dieses innige Vertrauensverhältnis zu Gott bejaht, der wird auch zu Seiner Zeit jene Vollmacht bekommen, die Gott ihm für bestimmte Dienste in der Gemeinde geben will. Er wird von Gott nehmen, was er gibt, und wird es Gott überlassen, wenn er nimmt oder nicht gibt. Der Glaubende ist getröstet und geheilt in der Gemeinschaft mit dem Herrn. Die Gaben können kommen, aber wenn Gott sie nicht gibt, dann ist der Glaubende darum nicht ärmer oder weniger wert als andere!

– Entscheidend ist für den Christen nicht, was er im Heiligen Geist an Gaben bekommt, sondern was er im Heiligen Geist ist, nämlich Gottes Kind (V. 16)! In diese Kindschaft kommt er nur durch den Heiligen Geist, aber im Heiligen Geist ist er Gottes Kind für alle Zeit. Er kann sagen: »Abba, lieber Vater!« (V. 15), und fest damit rechnen, alles zu erben, was Gott seinen Kindern zu vererben hat (V. 17). Dabei geht es aber nicht um das Erbe, sondern um die Einheit mit dem Vater, die das Erbe bringt. Es ist Gottes Geschenk für sein Kind und keine Forderung des Kindes an den Vater!

– In diesem innigen Verhältnis zwischen dem Herrn und dem Jünger (in dem Leben im Geist) bekommt der Geist die Regie im Leben dieses Jüngers. Das Verhältnis Gottes zum Menschen wurde ja mit dem Opfer Jesu nicht gestiftet, damit der Mensch weiterhin allein und selbstherrlich weiterlebt, sondern damit die Begierde und die Zügellosigkeit ein Ende finden durch das neue Leben, das Gott in Jesus Christus ermöglicht. Deshalb wollen wir den Heiligen Geist bitten, daß er uns, seine Gemeinde, erfüllen und stets erneuern möchte.

### e) Noch nicht und doch schon (8,10–17)

Paulus schreibt in V. 10 und 11 nicht, daß wir nun auch als Christen anständig sein sollten, sondern er drückt etwa aus, was auch die Christen immer wieder vergessen:

Der Christ erlebt in der Einheit mit dem gekreuzigten und auferstandenen Herrn *sowohl* die Macht dieser Welt (die Sünde und den Tod), *als auch* die Überwindung der Sünde und des Todes, die ja in Jesus Christus wirklich überwunden sind. Der Christ wird diese beiden Machtbereiche in seinem Leben nicht auseinanderbekommen, weder bei sich, noch bei anderen, noch in der Kirche, sondern er lebt gleichzeitig in beiden Bereichen. Das läßt ihn die Sünde und den Tod nicht mehr ernst nehmen; ein Christ wird weder in der Sünde eine Lebensbereicherung sehen noch wird er vor dem Tod flüchten oder ihn fürchten.

Der Kampf gegen Sünde und Tod ist also nicht in einem sittlichen Entschluß begründet, sondern in der Gegenwart Jesu. Persönlich formuliert kann ich auch sagen: In mir spricht alles für Gerechtigkeit und Leben, denn er ist da! Mein Wille und Bewußtsein wird von dieser hellen und frohmachenden Gegenwart Jesu bestimmt. Darum werde ich allem Dunkel widerstehen und werde in aller Anfechtung dennoch auf der Seite des Lebens zu finden sein. Dafür sorgt er selbst in mir!

Es ist also die Gegenwart Jesu und diese erlebte Spannung, die den Christen in die Lage versetzt, »die Taten des Fleisches zu töten« (V. 12–13). Was bedeutet das?

Die Überwindung der Selbstherrlichkeit (»die Taten des Fleisches«) geschieht dadurch, daß Er sich im Geist eines

Menschen einfindet und im innersten Wesen des Menschen eine neue Mitte schafft:

Er bewirkt in uns, daß jetzt nicht mehr die Sünde und der Tod absolut herrschen; er, der Auferstandene, relativiert durch seine Gegenwart die Absolutheit des Todes und der Sünde. Durch seine Gegenwart im Leben eines Glaubenden werden Sünde und Tod vergängliche Mächte, weil er, die ewige Macht, nun die Macht ergriffen hat. Das Leben kann noch einmal beginnen. Und wenn wir sterben, erweckt er uns zum neuen Leben.

Das ist wie bei einem Brückenkopf in Feindesland: Wenn der Brückenkopf erst einmal gelungen ist, dann ist damit bereits das ganze Land bedroht. Bei Jesus und seinem Einbruch in ein Menschenleben ist die Sache noch eindeutiger. Beim Brückenkopf könnte es ja noch geschehen, daß er wieder geräumt und überrollt wird, aber Jesus Christus hat die Macht der Sünde, die Macht des Todes gebrochen, das heißt: Wo er seinen Brückenkopf aufbaut, da hat das ganze feindliche Land der Sünde und des Todes ein für allemal verspielt!

Wenn Jesus einen Menschen ergreift und dieser sich ihm öffnet, hat die neue Existenz begonnen, selbst wenn noch alle feindlichen Truppen den »Brückenkopf« umlagern. Das Ende der Sündenherrschaft und der Todesübermacht ist mit dem Kommen Jesu angebrochen.

So schafft er im Leben eines Christen jene Spannung, in der wir zwar immer noch unter der Sünde und unter dem Tod leben müssen, aber dennoch bereits jetzt und heute vom letzten Anspruch der Sünde und des Todes befreit sind. Wir sind jetzt bereits Kinder Gottes! (V. 14)

Es ist also nicht so, als wäre in dieser Spannung noch nicht entschieden, welche Seite gewinnen würde, sondern es ist entschieden, daß die Sünde und der Tod verloren haben, selbst wenn sie noch so toben und mich im irdischen Leben umbringen werden.

Jesus wirkt aber in uns so, daß wir mehr und mehr der Sünde davonlaufen, daß wir ihr einfach keinen Geschmack mehr abgewinnen können. Er wirkt in uns so, daß wir den Tod anders sehen, daß wir ihn nicht mehr fürchten. In uns tut sich etwas. Die Gegenwart Jesu wirkt sich aus. Sie schafft die Sünde und den Tod nicht ab, aber sie setzt sich zu diesen Mächten in Spannung, so daß der Christ der einzige Mensch ist, der sagen kann: Durch Jesu Gegenwart bin ich dem Rechtsanspruch der Sünde und des Todes entnommen, aber durch meine leibliche und irdische Existenz muß ich unter der Sünde und dem Tod leiden.

So entsteht im Christen eine völlig neue Einstellung zur Sünde und zum Tod. Er leidet aber, weil er dem Geheimnis Jesu begegnet ist. Der Glaubende hat eine neue Wirklichkeit entdeckt, die diese Welt nicht kennt, und leidet daran, daß er sie nur in der Anfechtung der Sünde und des Todes ausleben kann.

So lebt der Christ im Glauben, aber der Unglaube wird ihn immer anfechten. Er lebt in der Wahrheit, aber die Lüge wird immer wieder nach ihm greifen; in der Liebe, und dennoch wird der Haß ihn zerreißen wollen. So lebt der Christ in einer festen Ewigkeitshoffnung, und dennoch wird ihm die Ewigkeit oft verdunkelt.

In dieser Spannung lernt der Christ, nicht mehr auf sich, sondern *allein auf den Herrn* zu vertrauen. In den Anfechtungen erfährt der Christ, wie sich die verborgene Macht Jesu längst durchgesetzt hat. In diesem Leiden entdeckt er, daß Jesus in Seiner Verborgenheit dennoch machtvoller tröstet und führt als alle anderen Mächte der Welt.

Dabei werden die »fleischlichen Geschäfte«, also die Selbstherrlichkeit und das Selbstverfügen des Menschen, getötet. Auch die Selbstherrlichkeit des frommen Menschen. Der Glaubende wird langsam, aber sicher dazu gebracht, daß er mehr und mehr auf niemanden als auf Jesus Christus vertraut.

Der Glaube an Jesus allein ist letztlich der Sinn aller Spannung und allen Leidens. Für uns bleibt dabei kein »Ruhm«, sondern alle Ehre ist und bleibt bei Ihm. Wer das glauben und fassen kann, der ist von sich und von allen Dingen erlöst. Der ist frei, selbst wenn ihn alle Höllenmächte quälen.

So verbirgt sich in dieser Spannung ein großer Trost: Jesus ist da, sonst wären die Spannungen nicht da. Und er ist in allem Leid bewahrend und rettend am Werk. Niemals läßt er mich wieder los, wie groß die Anfechtung auch sein mag!

Ein Wort zu den »*Schwärmern*«: Ein Merkmal der Schwärmer besteht darin, daß sie die Wirklichkeit Gottes nicht so annehmen und erleben wollen, wie Gott das will, sondern so, wie sie das gerne hätten.

Der Schwärmer will zwar ganz Gott haben und meint es auch darum ganz ernst; er will völlig rein und wahrhaftig, eindeutig und direkt sein. Aber er will dies alles ohne Spannung, ohne noch mit der Sünde, dem Leib, der Vergänglichkeit und dem Tod ernsthaft zu rechnen. Der Schwärmer will Gott »pur« haben!

Der Schwärmer will den Himmel auf Erden haben ohne Erde. Und dann meint er, er hätte den Heiligen Geist! Der Schwärmer will den Glauben haben ohne die Anfechtung des Unglaubens; dann, meint er, wäre der Glaube richtig. Der Schwärmer will den Willen Gottes haben, erfahren und tun, ohne daß sich noch Sünde und Widersprüche darin verbergen können. Der Schwärmer will auch eine Gemeinde Jesu, zu der die Sünde und der Teufel keinen Zugang mehr haben.

Der Schwärmer will den Glauben an Jesus Christus erleben ohne Anfechtung, ohne Leid und Enttäuschungen. Auf diesem Wege kommt der Schwärmer aber eben nicht in den Himmel, sondern landet bei sich selbst und steigert sich in eine selbstgemachte Heiligkeit; so endet er im »Fleisch«, und muß zum Schluß an allem verzagen. Und wenn's böse kommt, landet er in der Trennung von Gott, in der Hölle!

Er versteht nicht, daß Jesus seine Jünger innerhalb der irdischen Wirklichkeit und im Leib der Sünde und des Todes segnen und reifen lassen will, ja, daß gerade diese Spannung dazu dient, daß Er Sein herrliches Werk vollendet und Seiner Gnade zum Durchbruch verhilft. (Paulus berichtet selbst einmal von einer wunderbaren Erfahrung, als er in den Himmel entrückt wurde; man beachte, daß er im weiteren Leben keineswegs einen halben Meter über der Erde schwebt: 2. Kor. 12,1–10!)

Ich habe mich darum so ausführlich mit der Frage nach dem Geist Gottes befaßt, weil in vielen Gemeinden Unsicherheit besteht. Was ist schwärmerisch, was ist gesundes geistliches Leben? wird gefragt. Immer wieder sehen wir, daß auf der einen Seite das Glaubensleben lau und verweltlicht dahinsiecht. Auf der anderen Seite sind plötzlich geistliche Aufbrüche da, die aber die Spannung nicht aushalten. Wir sollten weder einem lauen Christentum verfallen noch uns in übersteigerte Frömmigkeit hineinzwängen lassen.

## f) Die Hoffnung auf die Erlösung der Welt (8,18–27)

In *V. 18* fährt Paulus fort: »Denn ich bin überzeugt, daß dieser Zeit Leiden nicht ins Gewicht fallen gegenüber der Herrlichkeit, die an uns offenbart werden soll. Denn das ängstliche Harren der Kreatur wartet darauf, daß die Kinder Gottes offenbar werden . . .« (Bitte weiterlesen bis V. 39.)

Ich möchte die wichtigsten Gedanken herausholen und unterstreichen.

*»Das ängstliche Harren der Kreatur wartet . . .« (V. 18–23)*

Dieser Abschnitt ist vielleicht überraschend: Paulus zeigt eine tiefe Verbindung zwischen der Erlösung der Christen und der Sehnsucht der ganzen übrigen Kreatur. Was bedeutet das, und wie kommt Paulus dazu? Wie wollen wir das in unserer Zeit, wo die »Grünen« und die »Umweltschützer« eine wichtige Frage deutlich gemacht haben, übersetzen?

In *V. 18* spricht Paulus nicht allgemein von der armen Schöpfung, die wir Christen erhalten sollen, damit sie nicht ganz zerstört wird. Nein, er spricht von dem *Leiden* in dieser Zeit, das nicht wert ist, daß man darüber länger trauert, weil die *Herrlichkeit Christi* an uns deutlich werden wird. Was meint Paulus mit »Leiden« und »Herrlichkeit«?

Der Christ hat im Glauben »ein Glück, das leuchtet und unbegreiflich ist«, und muß sich dennoch mit der Schrecklichkeit der ganzen sterblichen und verderblichen Welt, die auch in seinem Herzen ist, herumschlagen. Wir sind fest in Gottes Hand, und dennoch eine Zielscheibe für die höllischen Angriffe. Diese »Doppelbesetzung« ist unser Leid.

In dieses Leiden, das nur wir Christen kennen, sagt Paulus: Gegenüber der Herrlichkeit ist das alles nichts wert. Das heißt: Wir Christen haben bereits die Gewißheit Seiner ewigen Herrlichkeit, so daß wir uns über das Leiden nicht weiter beklagen sollten. Das Leiden ist vergänglich, aber die Herrlichkeit Jesu ist ewig und viel größer als alles Leid der Welt. Also halten wir uns nicht bei Vergänglichkeiten auf, sondern halten wir uns fest an das, was für Zeit und Ewigkeit bleibt: Die Herrlichkeit Jesu, der Glanz, die Majestät und die Freude des ewigen Gottes, die Gnade, Frieden und Licht bringt.

Als nächstes zeigt Paulus auf die Kreatur, das bedeutet, auf die gesamte Schöpfung: Sie ist ebenfalls der Macht der Vergänglichkeit unterworfen (V. 20–23).

Zu diesem Punkt hat es viele Fragen gegeben, zum Beispiel, ob die Schöpfung mit dem Sündenfall böse geworden sei, ob auch die Tiere sündigen könnten, ob auch die Pflanzenwelt erlöst werden müßte usw. Man achte aber genau auf den inneren Sinn dieses Abschnitts: Paulus geht nicht auf viele vielleicht interessante Fragen ein, sondern er will zeigen – das Heil Jesu, das dem Glaubenden gilt, ist auch das Ziel für die gesamte Schöpfung. Dies ist die Wahrheit, die Paulus angesichts von Tod, Sünde und Vergänglichkeit zu sagen hat:

Die Schöpfung hat ihr Ziel und ihren Sinn in der Herrlichkeit Jesu. Diese Herrlichkeit ist (V. 23) bereits bei Gottes Kindern im Verborgenen angebrochen; jeder Christ erlebt in sich diese verborgene, aber wirkende Herrlichkeit, das ewige Leben. Die Schöpfung ist jedoch noch dahin unterwegs, wo der Christ bereits im Glauben lebt.

So warten wir alle auf »die Erlösung unseres Leibes«, denn erst dann, wenn wir die Vergänglichkeit hinter uns haben, wird für die ganze Schöpfung offenbar, was jetzt noch verborgen ist: Die Herrlichkeit, das Licht und die Freude Jesu.

Diese Stelle ist besonders wichtig, wenn es heute um die

Sorgen der Umweltschützer geht. Sie wollen zum großen Teil die Welt und die Umwelt retten, und dies ist ein gutes Ziel, aber sie wollen diese Rettung, ohne den Menschen für die Herrlichkeit Jesu zu gewinnen. Das Unternehmen der Grünen muß darum im Wesentlichen scheitern, denn das letzte Ziel der Welt ist gar nicht, daß die Welt erhalten wird, sondern daß sie zur Herrlichkeit Christi unterwegs ist.

Seltsamerweise stimmt aber auch dieser Satz: Wer von der Herrlichkeit Christi erfaßt ist, wer also in und durch Jesu Sterben versöhnt ist, der wird auch die Kreatur, die Schöpfung, vom Licht dieser Herrlichkeit her sehen und erhalten – soweit es ihm gelingt –, ohne den Tod, die Sünde und die Vergänglichkeit zu verdrängen.

Es ist also nicht von ungefähr, daß viele Christen ein versöhntes Verhältnis zum Leib und zum Tier, zu den Bäumen und den Blumen haben. Und daß sie als Versöhnte Jesu auch versöhnlicher mit der Geschöpflichkeit umgehen können, ohne darum die Geschöpflichkeit zu vergöttern. Die Grünen dagegen verabsolutieren diese Liebe zur Schöpfung.

Wir Christen wissen vom Ziel der Schöpfung, und darum wissen wir auch, daß alles mit uns zum gleichen Ziel unterwegs ist, das uns in Jesus bereits offenbart wurde. Wir sind im Glauben schon da, wo die Schöpfung noch hin muß. So mag es sein, daß die Schöpfung in unserer Umgebung vielleicht schon ein klein wenig von dieser Herrlichkeit ahnen darf.

Diese Gedanken nur als Hinweis zum Verständnis des Textes für unsere Zeit.

*»Der Geist hilft unserer Schwachheit auf« (V. 24–27)*

In diesen Versen behandelt Paulus auf sehr eigentümliche Weise »gesunde« Frömmigkeit. Frömmigkeit meint den praktischen Ausdruck der Gottesfurcht in unserem Leben. Jeder von uns möchte natürlich eine Frömmigkeit leben, die überzeugend ist, stark, tragfähig und nachahmenswert. Aber in diesen Versen hören wir etwas ganz anderes: Hier spricht Paulus von Hoffnung, die man nicht

sieht, von der Geduld und von der Schwachheit, der aufge-
holfen werden muß. Dazu will ich kurz einiges sagen:

Der Christ befindet sich immer noch in den Mächten
des Todes und der Gottesferne. Die Herrlichkeit Jesu ist
zwar da, aber die Macht der Welt ist auch noch da. Wir leben im Heiligen Geist, aber wir leben immer auch noch in
den Klauen des Todes. Daran kommt keiner vorbei, er mag
so fromm sein, wie er will.

Darum gilt uns auch der gleiche Satz, wie er der ganzen
Schöpfung gilt: Wir *hoffen* auf die Macht des verborgenen
Herrn. Wir bleiben also immer Glaubende. Wir »haben«
das Heil nicht, sondern wir glauben es, indem wir nicht einen Augenblick von Jesus lassen.

Im Leben jedes Christen gibt es daher auch den Kampf
des Glaubens. Er besteht darin, daß ich täglich und stünd-
lich glaube: Gott macht die Gottlosen gerecht durch das
Opfer seines Sohnes. Dies gilt es immer und immer wieder
zu glauben, denn Jesu Gegenwart ist unsichtbar und in keinem Augenblick zu beweisen (V. 24–25).

Wir erfahren daher auch, daß wir im Glauben müde
werden, daß wir irgendwann nicht mehr glauben können
und aufgeben möchten. Es gibt keinen Christen, der diese
»Schwachheit« nicht kennt, denn unsere Glaubenskräfte
sind schwächer und kleiner, als wir ahnen.

Der Grund für diese Schwäche liegt wohl unter anderem darin, daß der Glaube stets mit der ganzen sichtbaren
Welt zu tun hat, gegen die er stets anglauben muß. Alles,
was wir sehen und erleben, was wir denken und mit der
Welt erfahren, auch oft unser eigenes Leben, spricht ja
meistens nicht für, sondern gegen den Glauben an Jesus
Christus.

An dieser Stelle kommt Paulus nicht mit Empfehlungen
und Methoden, sondern mit etwas viel Größerem: Er bezeugt die Macht und die Liebe des Geistes Gottes! »Der
Geist hilft unserer Schwachheit auf« (V. 26). Was für ein
tröstliches Wort! Welch eine große und liebenswerte
Wahrheit: Der Geist Gottes selbst müht sich darum, daß
unser Glaube wieder und wieder wach und lebendig wird.

Das ist gesunde Frömmigkeit, daß wir in den tiefsten

Schwächen und Niederlagen, in den erbärmlichsten Augenblicken und Lagen vertrauen dürfen: Er hilft uns in unserer Schwäche wieder auf.

So rühmen wir Gott in allen Dingen und wollen es ihm glauben: Der in uns angefangen hat das gute Werk, der wird es auch selbst in uns vollenden!

Damit kommen wir zum Höhepunkt des Römerbriefes, und – das wage ich zu behaupten – aller Briefe des Paulus. Was immer der Apostel zu sagen und zu schreiben hatte, er drängt auf die kommenden Verse zu. Was immer Jesus seinem Knecht Paulus offenbaren wollte, das hat er durch seinen Geist einzigartig in den nun folgenden Versen aussprechen lassen.

## g) Die Gewißheit der Christen (8,28–39)

Lernen Sie diese Verse auswendig! Schreiben Sie sie ab! Leben Sie mit ihnen! Unser Herr ist es wert, daß wir uns seine Offenbarungen, die er seinem Knecht Paulus in dieser Dichte und Schönheit gegeben hat, zu Herzen nehmen und sie unserem Geist als ewiges Eigentum gönnen.

». . . daß denen, die Gott lieben, alle Dinge zum Besten dienen . . .« (V. 28)
Was heißt das, »Gott lieben«? Es bedeutet: Ein Mensch glaubt dem lebendigen Gott, daß er Jesus Christus zum Herrn und Heiland gemacht hat. Wer dem Sohn glaubt und vertraut, der liebt Gott. Wer es Gott glaubt, daß er durch das Sterben seines Sohnes alle Sünde vergibt, alle Wahrheit schenkt, alle Herrlichkeit umsonst abgibt, der liebt Gott!

So entdecken wir das Geheimnis aller Geheimnisse: Wir erreichen das Leben nicht, indem wir etwas erreichen wollen, sondern wir erreichen das ewige und gültige Leben, indem wir dem lebendigen Gott das Unglaubliche glauben. Das Unglaubliche ist: In Jesus von Nazareth kommt Gott in das Leben eines Menschen. Im Sterben und Auferstehen Jesu schüttet Gott seinen ganzen Reichtum in das sterbliche Leben eines Menschen. Wer ihm das glaubt, der wird zum Ebenbild des Sohnes, der wird gerecht gemacht, ja, er wird »herrlich gemacht« (V. 29–30).

## »Nichts kann uns scheiden von der Liebe Gottes« (V. 39)

Die Frage: »Was wollen wir nun hierzu sagen?« (V. 31) will noch einmal in den gewaltigen Jubel führen, zu dem nur die Christen fähig sind. Denn nur sie glauben das Unglaubliche: Gott hat seinen Sohn *für* uns »dahingegeben«! Wer das erfaßt und im Glauben annimmt, der ist befreit vom Gericht! Der ist frei vom Zorn, von der Sünde, von jeder Anklage! Der ist frei von der Angst, am Jüngsten Tage verlorenzugehen! Der ist frei von sich selbst, frei von Menschen und von Täuschungen! Wer Ihm glaubt, der ist an eine ewige Liebe gebunden, die niemals betrügt und niemals aufgibt, was sie erworben hat!

So kann Paulus nun alle Höhen und Tiefen, alle Mächte und Schrecklichkeiten nennen, er kann alle Gewalten beschwören. Ja, es ist, als wolle er alles heraufbeschwören, sich mit allen Kräften messen und ihnen zurufen: »Wer will mit meinem Glauben kämpfen? Wer will mich jetzt noch überwinden? Wer hat die Macht, dem Glauben an Jesus Christus entgegenzutreten?«

Paulus, der Glaubende, tritt einer Welt entgegen, die voller Angst und Ungewißheit ist: »Ich bin gewiß!« In dieser Gewißheit zeigt er nicht auf seine Moral, nicht auf seinen Intellekt, nicht auf seine Erfahrung. Nein, er zeigt auf Jesus, den gekreuzigten und auferstandenen Herrn. In diesem Herrn kommt Gott nicht neutral, nicht wohlwollend, sondern leidenschaftlich *für mich!*

Wissen Sie, was das heißt, wenn Gott gegen einen Menschen ist? Dann hilft keine Macht der Welt, dann geschieht Gericht, ewiges, schreckliches Gericht. Aber was geschieht, wenn Gott für einen Menschen ist?

Wenn Gott für mich ist, dann gibt es keine Macht der Welt mehr, die gegen mich sein kann. Dann sind das Leben und das Schicksal gebändigt, denn dann muß alles für mich sein. Wenn Gott für mich ist, dann müssen auch meine Feinde ihm gehorchen und letztlich für mich sein. Wenn Gott für mich ist, dann hat auch das Sterben keine Macht mehr, gegen mich zu sein, dann muß auch das Sterben dem Leben Gottes dienen. Dann haben auch die Hölle und der Teufel keine Macht mehr über mich, sondern sie müssen im tiefsten Sinne »zu Kreuze kriechen« und Gott dienen. Wenn Gott für mich ist, dann muß ich mir nie mehr Sorgen machen, was aus mir wird; dann brauche ich nur noch zu loben und zu singen: Er ist für mich, er sorgt für mich und er macht aus mir einen unvorstellbar großen Segen *um seinetwillen*. Glauben Sie das? Wenn wir Ihm das *Für uns* glauben, dann glauben wir. So kann jeder Glaubende seinen ganzen Glauben in die Worte fassen: *In Jesus Christus ist Gott für mich!*

Ich will in diesem Glauben leben, denken, reden, fallen, aufstehen, dienen, fröhlich sein, sterben und selig werden. Denn diese Wahrheit bleibt heute, morgen und in Ewigkeit gleich: In Jesus Christus ist der ewige Gott *für* mich! Das Zeitalter des Heils ist angebrochen. Der Lobgesang wird nie mehr enden.

*Schlußfolgerungen:*

– Der Christ lebt angesichts des Todes bereits im Machtbereich des auferstandenen Herrn. Diese Wahrheit bestimmt sein Leben.

Von hierher wollen wir Christen mit dem Tod anders umgehen als andere Menschen. Wir wollen den Tod auf uns zukommen lassen und nicht so tun, als müßten wir hier ewig leben. Wir wollen dort ewig leben, aber nicht hier.

Wenn das Alter kommt und das Sterben sich anmeldet, dann wollen wir gehen als solche, die nach Hause gehen und nicht als jene, die kein Zuhause haben.

Wir wollen früh genug unser Testament machen, den Predigttext aufschreiben, die Lieder nennen und in einem kurzen Wort alle grüßen, die an unserem Grabe stehen werden. Wir wollen allen vergeben und um Vergebung bitten, wo dies nötig ist.

– Wir Christen haben die Sicht durch die Zeiten und wollen auch durch die Zeiten sehen. Wir wollen von der Auferstehung her Geschichte betrachten und Menschen sehen und lieben lernen.

Von der Auferstehung her empfangen wir eine große Hoffnung und Liebe für diese Welt und ihren Menschen. Die Erde ist trotz des vielen Leides und der Tode eine wunderbare Welt. Sie ist einzig und schön gemacht. Sie ist Hinweis auf die Herrlichkeit der ewigen Welt Gottes.

In dieser Liebe zur Welt werden wir mutiger und gewisser unsere Straße ziehen können.

– Der Christ wird Feste feiern können, wie sie sonst kein Mensch feiern kann, denn jedes Fest, jeder Lobgesang, jedes Lachen und jede überwältigende Fülle sind Hinweis auf das große Fest Gottes, zu dem er uns einlädt. Das heilige Abendmahl wird so immer die Mitte unserer Feste sein, die wir in und mit unserer Gemeinde feiern können und es ist ein Hinweis auf jenes letzte große Mahl in der Ewigkeit (s. Offb. 19,6–9).

# VIII. Das Volk Israel (9–11)

*Exkurs: Wer an Jesus glaubt, muß sich mit Israel befassen*

Diese Aussage ist darin begründet, daß Juden und Christen gemeinsam das Alte Testament als Heilige Schrift haben. Wenn wir nicht unsere Wurzeln aufgeben wollen, kommen wir um eine intensive Beschäftigung mit Israel herum.

Die jüdischen Glaubensväter Abraham, Isaak, Jakob und Josef sind auch unsere Glaubensväter. Mose hat die Zehn Gebote nicht nur dem jüdischen Volk, sondern auch uns gegeben. Die Propheten sind nicht nur die lebendigen Boten für Israel, sondern auch wir Christen können uns unseren Glauben nicht ohne die Botschaft der Propheten denken. Denken wir nur an Jesaja 9 oder 11 und an die Gottesknechtslieder in Jesaja 42, 49, 50 und 53. Wir haben den gleichen Psalter wie die Juden und leben auch mit ihm, etwa mit Psalm 23 vom »guten Hirten« oder Psalm 51, dem Bußgebet.

Dies alles führt zur tiefsten Verbundenheit hin, die die Christen mit dem Volk Israel haben: Unser Herr und Heiland Jesus Christus ist seiner irdischen Herkunft nach Jude, und er wäre nicht der Heiland und das Sühneopfer Gottes für die Welt geworden, wenn nicht Juden ihn ans Kreuz hätten schlagen lassen. Das Heil für die ganze Welt kommt aus Davids Geschlecht (2. Sam. 7). Jesus selbst sagt: »Das Heil kommt von den Juden«! (Joh. 4,22)

So gilt der Satz: Wer Jesus liebhat, der wird auch an das Geheimnis Israels herangeführt! Darum ist es undenkbar, daß man an Jesus glauben und dabei dieses Volk und seine Geschichte außer acht lassen könnte. Deshalb ist es folgerichtig, wenn Paulus in seinem großen Römerbrief drei Kapitel dem Thema Israel widmet.

Mit dem Kommen Jesu, mit seinem Heil und seinem Messiasanspruch erheben sich viele Fragen, die der Apostel Jesu beantworten muß, zum Beispiel:

Was ist mit diesem Volk Israel, das Gott erwählte, eigentlich in der Geschichte geschehen? Welchen Sinn hatte und hat diese Erwählung?

Wie kommt es, daß der Gott, der sich am Sinai dem Mose offenbarte, in der Gestalt Jesu von Nazareth von seinem eigenen Volk nicht erkannt wurde? Lag das an Gott? Lag es an Israel?

Was haben die Propheten eigentlich vom Messias und vom Knecht Gottes in ihren Visionen gehört und gesehen? Haben sie Jesus gesehen oder jemand anderes?

Was ist passiert, als Jesus auf die Welt kam und die Juden ihn nicht nur ablehnten, sondern ihn auch »nach dem Gesetz« am Kreuz durch Pilatus töten ließen? Was ist passiert, als Juden schrien: »Sein Blut komme über uns und unsere Kinder!« (Mt. 27,25)? Hat Gott sich nun auf ewig von diesem Volk abgewendet?

Was ist geschehen, als im Jahre 70 n.Chr. Jerusalem dem Erdboden gleichgemacht wurde und die Juden in alle Welt verstreut wurden und unendlich viel leiden mußten? Was ist mit den Völkern passiert, die dieses Volk leiden ließen? Was haben wir Deutschen angerichtet, als wir sechs Millionen Juden umbrachten? Wie kommt es, daß sich die Juden in den zweitausend Jahren nicht aufgelöst haben im Schmelztiegel der Geschichte, sondern auf eine seltsame Weise »aufbewahrt« wurden, bis ein Teil von ihnen 1948 wieder zu einem Volk im Land der Verheißung zusammenkam?

Was geschieht zur Zeit im Land und im Volk Israel? Was hat der heutige Staat mit dem Volk des Alten Testaments gemeinsam? Ist dieses Volk noch das alttestamentliche Israel, oder sind die Verheißung und die Erfüllung des alten Bundes seit Jesu Sterben und Auferstehen auf die Gemeinde Jesu übergegangen?

Was muß einen Juden, der fest in der alttestamentlichen Tradition lebt, bewegen, wenn er an Jesus, an die Christen und an Israel denkt?

Ist Israel immer noch der heimliche Mittelpunkt aller Völker, und fügt Gott es langsam, aber sicher so, daß sich um Israel die Großmächte lagern, um eines Tages jene letzte Schlacht um Israel zu kämpfen, die dem Untergang der Welt vorhergeht und den Anbruch der ewigen Herrlichkeit heraufbringt?

Diese und andere Fragen wurden und werden von der Christenheit, aber auch vom Judentum, immer wieder gestellt. Wer sich einmal etwas mit ihnen beschäftigt, der kann sich nur wundern, wie zentral für die Geschichte Gottes mit den Menschen die Frage nach Israel ist. Die Frage nach Israel und der Welt- und Heilsgeschichte bricht auf, wenn man nach dem Geheimnis Jesu fragt. Darum möchte ich dem Thema Israel hier viel Raum geben.

Bei den genannten Fragen wird allerdings auch viel spekuliert, teilweise in unverantwortlicher Weise. Wir sollten uns darum bemühen, nüchtern und biblisch zu bleiben. Ich meine, daß wir diese Nüchternheit am besten gewinnen und bewahren, wenn wir die Geschichte Israels kennenlernen und die tiefen Aussagen von Römer 9–11 bedenken und annehmen.

## 1. Der Zusammenhang von Kapitel 9–11 mit dem übrigen Brief

Wir erinnern uns: Paulus hat gezeigt, wie Gott den Menschen in Jesus sein Heil schenkt, und wie dem Menschen nur ein Weg bleibt: Er soll und darf diese Liebe und Versöhnung im Glauben annehmen und wirken lassen. Paulus schloß in Kap. 8 mit diesem gewaltigen Lobpreis: »Ist Gott für uns, wer kann wider uns sein . . .« (V. 31)

Nun muß Paulus das Geheimnis Israels behandeln. Er spekuliert nicht, er fügt auch nicht eine Schriftstelle an die andere, um so ein »Israel-versteh-Mosaik« zu bekommen, sondern er folgt dem Geheimnis der gesamten Christusoffenbarung und findet eine Antwort, die genau in den Geist des ganzen Römerbriefes hineinpaßt.

Wer Römer 9–11 begreifen will, der muß erst Kap. 1–8 verstehen. Wer sagt, er wolle sich gerne über Israel Gedanken machen, aber er brauche dazu nicht den Römerbrief, der wird auf jeden Fall die Erkenntnis des Paulus nicht erreichen. Wer sagt, er möchte Römer 1–8 zwar gerne glauben, aber über Israel denke er anders als Paulus in Kap. 9–11, der hat nur nachgewiesen, daß er Kap. 1–8 noch nicht verstanden hat.

Wir wollen zunächst innerhalb des ganzen Gedankengangs im Römerbrief hören, was Paulus in den Kapiteln 9–11 aussagen will.

Das Thema ist der Zusammenhang zwischen der Gerechtigkeit aus Glauben und Gottes Führung des Volkes Israel. Hat Gott jetzt seine Treue zu seinem Volk aufgegeben, ist er seinen Verheißungen untreu geworden? Paulus weist nach, daß sich die Glaubensgerechtigkeit einerseits und die Verheißungen und die Erfüllungen für Israel andererseits nicht widersprechen.

Für jeden Glaubenden fragt es sich ja, ob Gott auch hält, was er verspricht. Beim Thema Israel geht es um die Treue Gottes in der Geschichte, um seine Verheißungen und unseren Glauben.

*Kap. 9,1–29:* Die Erwählung des Volkes Gottes ist Gottes freie Entscheidung. Gott ist Gott, indem er frei wählt.

*Kap. 9,30–10,21:* Die Schuld Israels – die Juden (wie übrigens alle anderen Menschen) wollen aus eigener Gerechtigkeit vor Gott bestehen und nicht aus seiner Gnade, die eben nur im Glauben angenommen, nicht verdient werden kann.

*Kap. 11,1–11:* Gott hat sein Volk nicht verstoßen, sondern Israel ist zu Fall gekommen, damit die übrigen Völker das Heil Jesu bekommen.

*Kap. 11,12–24:* Mahnung an alle Völker – erhebt euch nicht über Israel, sonst werdet ihr das Gericht Gottes erfahren.

*Kap. 11,25–36:* Israel ist zwar jetzt blind, aber es wird, wenn alle Völker das Heil gehört haben, selig werden. Lobpreis: was für eine Tiefe des Reichtums Gottes!

Innerhalb dieses zusammenhängenden Gedankengangs erscheint mir der Hinweis wichtig, daß Paulus erst *nach* diesem Abschnitt über Israel die Lebensgestaltung des Glaubenden behandelt (Kap. 12–16). Anscheinend wollte Paulus mit dieser Zuordnung sagen: Müht euch zuerst um die Erkenntnis der Wahrheit und des Glaubens, müht euch vor allem um die große Geschichte des Heils, dann werdet ihr die praktischen Lebensanweisungen schon verstehen können und befolgen.

Wer zu schnell (ohne gründliche Erkenntnis des Glaubens und der Glaubensgerechtigkeit für den einzelnen und für das Volk Israel) praktisch werden will, der wird wohl wenig Freude am Glaubensleben haben. Wer aber in der Erkenntnis Jesu und im Glauben an ihn wächst und reift, der wird auch den Kapiteln über die Lebensgestaltung gerne folgen. Soweit zum Zusammenhang von Kap. 9–11 mit dem übrigen Brief.

## 2. Die Gerechtigkeit aus Glauben und Gottes Führung des Volkes Israel

Ich setze die genaue Kenntnis der Kapitel 9–11 voraus.

### a) Die Freiheit Gottes

»Ich sage die Wahrheit in Christus . . .« (9,1): Paulus beginnt mit einem Paukenschlag: Ich lüge nicht! Das heißt, »was ich jetzt sage, das will und muß gehört werden, das ist keine Meinung, das ist Wahrheit!«

Dann spricht er von seiner persönlichen Stellung zu Israel und von seiner Bereitschaft, alles für seine Brüder in Israel zu geben (9,1–5).

Das Entscheidende in den Versen 9,1–19 liegt für Paulus in der Erkenntnis: *Gott ist frei!* Mit ihm kann man nicht rechnen oder feilschen. Er erwählt, wen er will, und verstößt, wen er will. Gott ist immer im Recht. Der Glaube an den heiligen Gott gebietet es, daß man dies bedingungslos anerkennt.

Gott hat durch Abraham und Isaak Kinder geschaffen, und er hat niemand gefragt und sich von niemand fragen lassen. Gott schafft aus dem Nichts und kann alles, was ist, zunichte machen. Gott segnet und ist im Recht! Gott verdammt und ist dabei auch im Recht. »Wem ich gnädig bin, dem bin ich gnädig . . .« (V. 15)

Damit stellt Paulus Gott über den Menschen: Gott muß keinen Menschen fragen. Er macht, was er will. Was er bestimmt, das geschieht, das wird zur Geschichte. Der Mensch ist dann glaubender Mensch, wenn er keine Ansprüche stellt, sondern annimmt, wie Gott handelt oder nicht handelt. Nicht wir gehen mit Gott um, sondern Gott geht mit uns um. Und wie er es macht, so ist es *gut!*

Nehme ich im Vertrauen diese Grundhaltung ein, dann bin ich in der Haltung des Glaubenden, ja, ich kann auch sagen, ich habe die Haltung angenommen, die mich zum Menschen macht, und die mich menschlich sein läßt. Das ist Demut!

Wer Gott Vorschriften macht (»Ja, lieber Mensch, wer bist du denn . . .« V. 20), der läuft von ihm weg, der behauptet sich selbst als Haupt und enthauptet sich dabei. Denn wenn ich Gott als Haupt verloren habe, dann bin ich kopflos! Das ist Hochmut: Ich schreibe Gott vor, wann er richtig und wann er falsch handelt! Ich frage Gott, warum er das tut, und er soll mir gefälligst Antwort geben und sich vor mir verantworten.

Gewiß wollte kein Pharisäer hochmütig sein, aber die Pharisäer konnten sich nicht denken, daß ihr Gott so, in der Niedrigkeit Jesu, in der Armut eines Wanderpredigers, in dem Schrecken des Kreuzestodes zu ihnen kommen würde. Nein, *so* konnte Gott nicht kommen, so durfte er nicht kommen und so würde er auch nicht kommen.

Israel erwartete Gott in einer ganz bestimmten Weise und nicht anders. Daran hat sich bis heute unter Juden und unter uns nichts geändert: Wir denken uns das Kommen Gottes so oder so, aber auf jeden Fall denken wir uns aus, *wie* er kommen muß.

In diese Vorstellungen hinein sagt Paulus: Wer bist du denn, daß du Gott vorschreiben willst, wie er kommt und handelt?

Israel hatte unüberbrückbare Schwierigkeiten, Gott so zu empfangen, wie er damals in Jesus von Nazareth kam. Geht es uns heute anders? Wer glaubt das denn, daß der lebendige Gott heute allein durch die Botschaft vom Kreuz Jesu kommt? Wer glaubt das denn, daß die Erneuerung der Welt und der Kirche nur durch das Geheimnis Jesu kommen kann?

Nein, wir sehen das alles ganz anders, und wir schreiben zutiefst Gott vor, wie er zu kommen hat. Wir sagen das

141

zwar nicht, und wir geben uns gar nicht ungläubig dabei, aber wir planen und organisieren genauso wie die Juden damals, um irgendwo und irgendwie das gültige Leben selbst zu machen und zu bewältigen. Man sehe sich nur die Dramen in der Weltpolitik an, wo wir Menschen die Misere in den Griff bekommen wollen!

Paulus dagegen sagt: Gott ist frei. Gott schuf damals seinem Volk, und er schafft uns heute sein Heil, wie er es will. Diese Wahrheit muß gehört und ausgehalten werden. Diesen Maßstab müssen wir an die Geschichte des Volkes Gottes, der Völker und an uns anlegen und darüber demütig und still werden. Ich weiß: Wir haben große Schwierigkeiten, diese Wahrheit der Freiheit Gottes zu hören und zu ertragen. Aber genau diese Erkenntnis Gottes ist der tiefste Grund, um dem Geheimnis der Niedrigkeit Jesu nachzusinnen. In dieser Niedrigkeit kommt Gott und schenkt uns sein Heil. Wer Gott diese Freiheit nicht glaubt, der wird ihm weiterhin Vorschriften machen und kommt weder mit sich, noch mit Gott, noch mit Israel oder einem Menschen zurecht.

## b) Die Schuld Israels

Auch das auserwählte Volk Israel kann also Gott nicht vorschreiben, was er tun soll. Israels feste Vorstellungen vom Handeln Gottes verbauen ihm schließlich den Weg zu Gott. Israel ist schuldig geworden.

Damit kommen wir zum nächsten Abschnitt, in dem Paulus von der Schuld Israels spricht. Beim Lesen werden wir darüber nachdenken müssen, ob hier nicht *die* Schuld der Welt schlechthin beschrieben ist; gewiß werden wir uns darin wiederfinden.

»Was sollen wir nun hierzu sagen? Das wollen wir sagen: Die Heiden, die nicht nach der Gerechtigkeit trachteten, haben die Gerechtigkeit erlangt. Ich rede aber von *der* Gerechtigkeit, die aus dem Glauben kommt.

Israel aber hat nach dem Gesetz der Gerechtigkeit getrachtet und hat es doch nicht erreicht.

Warum das? Weil es die Gerechtigkeit nicht aus dem

Glauben sucht, sondern als komme sie aus den Werken. Sie haben sich gestoßen an dem Stein des Anstoßes ...« (9,30–32; bitte bis 10,21 lesen)

Die Heiden haben die Gerechtigkeit bekommen, das Volk Israel hat sie verloren! Darin ist wiederum das große Thema des Römerbriefs zu hören: Die Gerechtigkeit, die vor Gott gilt, bedeutet von Gott geschenktes, ewiges Leben. Dieses ewige Leben galt dem Volk Israel, aber die Heiden haben es bekommen, und die Kinder Israel sind leer ausgegangen.

Was ist bloß passiert, daß die Heiden, die sich gar nicht darum gemüht haben, die überhaupt nichts von Gottes ewigem Leben wußten, dieses Leben aus Gott bekamen, während die Juden, die sich anscheinend mit dem ganzen Eifer dem Willen Gottes ausgeliefert hatten, den Segen Gottes verpaßten? Ist hier nicht alles auf den Kopf gestellt?

Wir alle stehen ja vor der Grundfrage: Was muß denn in unserem Leben geschehen, damit wir Gott nicht verpassen? Nun stellen Sie sich vor, wir rackern uns ab und tun den ganzen Tag den Willen Gottes, und Gott wendet sich ab und geht mit seinem Segen und seinem Reichtum zu Leuten, die sich um ihn gar nicht gekümmert haben? Das wäre doch wirklich seltsam.

Was muß passieren, damit wir das Leben aus Gott nicht aus Versehen verpassen? Paulus gibt darauf eine Antwort, die aufhorchen lassen muß: Der lebendige Gott ist ein schenkender Gott. Und er schenkt seinen Reichtum, seine Liebe, Wahrheit, Erfüllung, ja sich selbst nur dem, der bloß empfangen will. Wer sich selbst müht und meint, ein *Recht* auf den Segen Gottes zu haben, dem verschließt sich Gott.

Wir können das auch so formulieren: Wer das gültige Leben selbst machen will, der verliert es! Wer es sich aber mit leeren Händen schenken lassen will, der bekommt es überreichlich! Wer durch das Halten des Gesetzes in den Himmel will, der landet in der Hölle. Wer sich aber in seiner Hölle und in seiner Verlorenheit den Himmel schenken läßt, der ist auch im Himmel! Wer sagt: »Ich habe das und das Gute getan, ich habe den Willen Gottes hier und da beachtet«, der hat eben nur seine Werke, aber nicht

Gott. Wer aber sagt: »Herr, ich warte auf Dich und warte auf Dein Heil«, der bekommt das Heil und den Herrn geschenkt.

Die Juden hatten alles: Die Offenbarung des Gottesnamens, den Bund, das Gesetz und die Verheißung. Aber eines fehlte ihnen: Sie glaubten nicht, daß Gott ihnen allen Segen und alle Verheißung in Jesus erfüllen würde. Das glaubt Israel bis heute nicht!

Paulus schreibt seinen Brüdern kurz und bündig: Ihr habt euch den Segen des ewigen Lebens, ja das Kommen Gottes selbst verbaut, weil ihr es selbst machen wolltet. Weil ihr euch das Einssein mit Gott durch rigorosen Gehorsam erwerben wolltet, habt ihr Gott verloren. Gott aber will nicht euer Tun, sondern er will euren Glauben, eure Herzen. Er will, daß ihr allein auf ihn baut!

Der große und alles umstürzende Umdenkungsprozeß, den Paulus hier einleitet, lautet: Du darfst auf Gott nicht übertragen, was unter Menschen und in der Geschichte richtig ist: In der Geschichte und in dieser Welt stimmt, daß wir für alles zahlen müssen und daß es nichts umsonst gibt. Was nicht erarbeitet wird, das bekommen wir auch nicht.

Bei Gott aber ist das umgekehrt: Gottes Barmherzigkeit läßt sich nicht »erarbeiten«, nicht durch Willen erreichen. Er kann mit guten Taten nicht verpflichtet werden. Nein, Gott wird *empfangen!* Das Gegenteil von »Tun« lautet nicht »Nichtstun«, sondern Empfangen, Annehmen und unendliches, liebendes Vertrauen. Das kostet ihm den Sohn und mir das Herz!

Denn Gott will doch mit uns einssein, er will eine ewige Beziehung mit uns eingehen. Er will bei uns wohnen und uns nie mehr verlassen. Er will lieben und schenken, verwandeln und segnen. Aber das alles kann er nur, wenn er aufgenommen wird, wenn wir ihm vertrauen und ihn an uns handeln lassen!

Diese liebende und vertrauensvolle Erwartung hat Israel dem Sohn Gottes nicht entgegengebracht. Und so verloren sie *das* Geschenk Gottes, während die Heiden, die fremden Völker der Welt, sich dem Geheimnis Jesu öffneten und sich beschenken ließen. Und nun haben die fremden Völker den Reichtum, der Israel galt, und die Juden stehen verwundert da und begreifen weder Gott noch die Christen noch sich selbst. Wir aber sollen erkennen: Der Glaubende empfängt, aber wer den Segen Gottes selbst machen will, der verliert ihn!

Damit stehen wir alle vor der persönlichen Frage: Wie ist das denn mit uns? Was empfangen wir denn wirklich von Gott, und wo machen wir unser Leben und unser Lebensglück selbst? Wo verzichten wir denn auf unsere Selbstverwirklichung und warten auf seine Verwirklichung in uns? Wo lassen wir den Reichtum der Welt getrost fahren und warten auf seinen Reichtum? Wo verzichten wir auf den Trost der Welt und warten allein auf seinen Trost? Wo geben wir alles eigene Machtstreben auf und überlassen es ihm, was er aus uns macht?

Es ist leicht, über Israel Vorträge zu halten, aber es ist unendlich schwer, sich persönlich der Frage zu stellen, wer denn aus unserem Leben etwas macht! Hier prüfe sich jeder in der Stille, ob er aus dem eigenen Wollen oder aus dem innigen und liebenden Glauben lebt.

Ich fasse zusammen: Paulus macht deutlich, daß die Schuld Israels darin bestand und besteht, daß es sich von Gott den Segen und das ewige Leben in Jesus Christus nicht schenken lassen wollte. Diese Feststellung aber kann niemals mit Hochmut oder mit Haß zur Kenntnis genommen werden, sondern sie kann uns nur zur Demut und zur Fürbitte für dieses geheimnisvolle Volk treiben.

## c) Gott hat sein Volk nicht verstoßen

Wir kommen zum dritten Abschnitt über das Volk Israel (Kap. 11). Die einzelnen gedanklichen Schritte sind:

V. 1–11: Gott hat sein Volk nicht verstoßen, sondern er hat Israel unendlich lieb. Aber es ist zu Fall gekommen, damit die anderen Völker der Welt das Heil der Versöhnung bekommen, das auf Golgatha in Jesus, dem Sohn Gottes, geschehen ist (V. 11).

V. 12–24: Paulus mahnt mit großem Ernst die Christen

damals und in den kommenden Zeiten: Erhebt euch nicht über Israel, damit ihr nicht auch »abgehauen«, das heißt gerichtet werdet (V. 18 und 22).

Hier muß über die furchtbare Schuld der Christen geredet werden, die im Laufe der Geschichte unendlich viel Leid und Haß über die Juden gebracht hat. Wer sich einmal mit der Geschichte der Kirche beschäftigt hat, der weiß, wie schrecklich die Dinge waren, die hier geschehen sind.

Auch unsere jüngste deutsche Vergangenheit hat Furchtbares erlebt, und das geteilte Deutschland hat für mich immer etwas mit dem Gericht Gottes über unser Volk zu tun.

*V. 25–36:* Das Kapitel mündet aber nicht in der Trauer über Israel. Paulus zielt auf die höchste und schönste Aussage über sein eigenes Volk hin, wenn er hier den Lobpreis anstimmt. Israel ist zwar jetzt noch blind für seinen Herrn und Heiland, für seinen Messias und seinen Reichtum; aber wenn alle Völker das Evangelium gehört haben, dann wird auch Israel die Barmherzigkeit Gottes erfahren.

Und dann lobt Paulus angesichts dieses gewaltigen Vorgangs in der Weltgeschichte seinen Gott: »O welch eine Tiefe des Reichtums, beides, der Weisheit und der Erkenntnis Gottes! . . .« (V. 33)

So mündet alles Nachdenken über Israel in den Lobpreis über das Handeln Gottes. Denn etwas Unglaubliches ist geschehen: Die Völker der Welt haben das Heil der göttlichen Versöhnung empfangen, weil sich Israel zunächst geweigert hat, das Heil anzunehmen. Das bedeutet, wir, Sie und ich, können an Jesus Christus glauben, weil Israel zunächst *nicht* geglaubt hat. Israel hält das Kreuz von Golgatha für eine »Torheit«, damit es für uns zur »Weisheit« werde (1. Kor. 1,18ff.). Das tut Gott aber, um sich am Schluß aller zu erbarmen. Dann, wenn die »Fülle« der Nichtjuden sein Heil angenommen hat, wird er auch das Volk Israel erlösen und zum ewigen Leben mit ihm führen (Röm. 11,25–29.32). Deshalb sagt Paulus: ». . . Wie unbegreiflich sind seine Gerichte und unerforschlich seine Wege!« (11,33)

Hören wir genau hin bei diesem Kapitel der Heiligen Schrift: Paulus spekuliert nicht, wie und ob man Israel missionieren sollte; er legt auch keinen göttlichen Fahrplan vor, auf dem man ablesen kann, wann der Herr wiederkommt und wann Israel erlöst wird, sondern er zeigt die Unbegreiflichkeit des Heilweges Gottes und lobt ihn.

Wir möchten ja immer alles verstehen und enträtseln, aber der Apostel zeigt und bezeugt die Linien des Heils, ohne weitere Erklärungen abzugeben. Statt dessen bricht er in Lob aus. Mir kommt es so vor, als ob Paulus uns alle in eine hohe Schule des Glaubens hineinnähme, um uns zu sagen: Lernt das Heil Jesu kennen, ohne die Wege des Heils unbedingt verstehen zu wollen, denn nur dann könnt ihr loben.

Damit schließen die Kapitel über Israel, und uns bleibt nichts anderes, als ein Leben lang über das Geheimnis des Volkes Gottes nachzusinnen und dabei immer wieder zum Lobgesang zu kommen. Die Geschichte der Völker und des Heils in Jesus Christus sind unauflösbar mit der Geschichte des Volkes Gottes verbunden. Es gibt keine Weltgeschichte ohne die Heilsgeschichte, die mit dem Volk Gottes begründet wurde, weil eben dieses Volk in unvergleichlicher Weise erwählt ist, um das Heil hervorzubringen.

## 3. Überlegungen zur Geschichte Israels

Ich weiß, daß alles, was wir hier über Israel gesagt haben, nur ein Hinweis darauf sein kann, daß wir tiefer und gründlicher den Offenbarungen Gottes über sein Volk nachgehen möchten. Folgende Überlegungen seien hinzugefügt:

Die *Geschichte* des Volkes der Juden gehört zum Erregendsten, was die Menschheit erfahren hat, denn durch dieses Volk wurde in der Welt Gottesoffenbarung, Gottesbegegnung und -führung erlebt und bezeugt.

Halten wir uns vor Augen: Die Geschichte der Völker kennt nicht nur Irrungen und Wirrungen, nicht nur Krieg und Frieden, Mord und Totschlag, Sehnsucht und Enttäuschung, Kommen und Gehen der Kulturen, nicht nur den

Aufstieg und den Verfall der Giganten, nein und nochmals nein: Unsere Menschheitsgeschichte hat *Gottesoffenbarung* erlebt. Dieses Menschengeschlecht, zu dem wir alle gehören, hat Führung durch Gott erfahren, die in Gericht und Gnade sich vor allen Völkern vollzog. Und das geschah in unvergleichlicher Weise am Volk Israel!

Die Hoffnungen der Völker und einzelner Menschen sind im geheimnisvollen Vorgang der Erwählung Israels begründet. Gäbe es diese Erwählung nicht, dann gäbe es keinen Sinn in der Geschichte, keinen Sinn für die Völker und auch nicht für den einzelnen Menschen. Ob wir es wissen oder nicht, ob wir es glauben oder nicht, es ist so: Die Hoffnung Israels hat in der Geschichte der Menschheit gewirkt, wie Sauerteig den Teig durchwirkt. (Auch die innere Unruhe und Zielstrebigkeit des kommunistischen Ostens geht letztlich auf die Unruhe des Juden Karl Marx zurück.) Und die Hoffnung Israels begann mit dem Ruf Abrahams und der Zusage: »In dir sollen gesegnet werden alle Geschlechter auf Erden« (1. Mose 12,3).

Die Gestalten der jüdischen *Propheten* sind ebenfalls einzigartig in der Geschichte. Diese Männer haben Worte gehört und Visionen gesehen, die über eine Kleinstaatgeschichte hinausgewiesen haben. Die Propheten haben durch Jahrhunderte geschaut, weil ihnen der Blick in die Ewigkeit gegönnt wurde; dieser Blick in die Ewigkeit war der gewisseste Blick für die Hoffnung, die in der Zeit, in dieser Welt gegeben werden sollte.

Auch das Ziel der Geschichte wurde in der Botschaft der Propheten wahrgenommen. Sie sahen den, »der da kommen sollte« und der das Leid und den Tod, die Tränen und die Schuld tragen würde (Jes. 53).

Diese Seher waren keine Phantasten, sondern große Realisten, denn sie durchschauten, was helfen und heilen konnte, und was verderben und vergehen mußte. Die Propheten hatten keine Worte aus dem eigenen Überlegen und Verstehen, sondern sie wurden mit Botschaften belastet, die aus der ewigen Welt kamen, zur ewigen Welt zielten und darum die Menschen bis zur Stunde in die große

Bewegung zu Gott herausfordern müssen. Alles, was die Propheten hörten und sahen, läßt sich in dem einen Satz zusammenfassen: »Siehe, das ist mein Knecht . . .« (Jes. 42,1)

Als dieser Knecht kam, da kam er ganz anders, als Israel ihn erwartet hatte: nicht großartig, sondern »sanftmütig und auf einem Esel«! (Mt. 21,5; vgl. Sach. 9,9) Er rief nicht zu gewaltigen Höhen des Geistes und der Tat, sondern ging in die Tiefe, in die Tiefe des Kreuzes von Golgatha. So wurde der Segen Abrahams für alle Völker offenbar, und so wurden die Weissagungen und Visionen der Propheten erfüllt.

Wer über Israel nachdenkt, der muß auch über die *Erwählung* nachdenken. Der muß auch fragen, welchen Sinn und welches Ziel die Erwählung dieses Volkes hat, nämlich das Versöhnungsopfer Jesu am Kreuz von Golgatha. Als Jesus schrie: »Es ist vollbracht!«, war der heilige und ewige Gott am Ziel seiner Erwählung des Volkes: Er war und ist nun mit dem sterblichen und widersprüchlichen Menschen versöhnt.

Wenn wir weiterfragen, welchen Sinn das Leben eines Menschen hat, muß geantwortet werden: Der Mensch hat dann seinen letzten und ewigen Sinn gefunden, wenn er wieder eins ist mit seinem Gott. Dieses Einswerden wird dem Menschen im Versöhnungsopfer von Golgatha geschenkt, das er in kindlichem Vertrauen annehmen darf und soll.

So gehören beide Aussagen zusammen, und wir dürfen den unglaublichen Satz sagen: Der Sinn für Israel und der Sinn meines Lebens, der Sinn für die Völker und der Sinn der ganzen Geschichte verbirgt sich im Opfer Jesu. Glaube ich das und nehme ich diesen Sinn von Herzen an, dann werde ich eine universale Sicht des Heils bekommen. Nähme ich aber dieses Sühneopfer Jesu nicht als meine Sinnmitte, dann bliebe mir auch der Sinn Israels und der Geschichte verborgen.

*Jerusalem* ist die Stadt des Friedens. Manche sagen, daß in dieser Stadt noch niemals Frieden geherrscht habe, sondern immer Haß und Streit, Krieg und Verwüstung.

Wir können jedoch etwas ganz anderes sagen und bezeugen: Einmal wurde hier ein Friede geschlossen, der »höher ist als unsere Vernunft« (Phil. 4,7)! Das war und ist der Friede zwischen Gott und Mensch, der in Jesu Blut beschlossen wurde, am Kreuz auf Golgatha.

Darum wird Jerusalem in Ewigkeit genannt werden, auch wenn das irdische Jerusalem längst vergangen ist. Aber der Name einer irdischen Stadt wurde zum Namen der himmlischen, weil Gott selbst vor den Toren dieser Stadt sein ewiges Opfer gab. Darum heißt es in der Offenbarung: »Und ich (Johannes) sah die heilige Stadt, das neue Jerusalem, von Gott bereitet . . .« (Offb. 21,2)

Wer von uns »Jerusalem« sagt, denke immer auch daran, daß mitten unter allem Krieg dennoch der Friede Gottes hier geschah, und daß darum das ewige Jerusalem unser aller Heimat ist.

*Zusammenfassung:*

Es bleibt dabei: Das Geheimnis um das Volk Israel ist groß. Und so wahr es ist, daß wir unterscheiden müssen zwischen dem heutigen Staat Israel und der verborgenen Heilsgeschichte, die mit dem und durch das Volk Gottes geht, so wahr ist auch, daß alles, was mit dem Volk Gottes zu tun hat, immer auch etwas mit der Heilsgeschichte zusammenhängt – mit jener Geschichte, die Gott nun einmal bis zu seinem großen Tag vorantreibt. Darum ist Israel nicht ein Thema unter vielen anderen, sondern es weist auf das Thema aller Themen hin: Auf das Kommen Gottes in der Geschichte, auf das Kommen Gottes auch zu mir!

*Schlußfolgerungen:*

– Wo immer wir können, laßt uns eine Fahrt ins Heilige Land unternehmen, um dort mit Juden, Christen und moslemischen Arabern zu sprechen. Man liest die Bibel anders, wenn man im Land der Bibel gewesen ist.

– In unseren Gemeinden sollten wir des öfteren Rabbiner einladen, damit sie uns ins Denken und die Gebräuche Israels einführen. Vieles wird uns am Neuen Testament und an unseren Festen deutlicher, wenn wir von den Juden hören.

– Die jüdische Geschichte, die immer auch eine Geschichte des Leidens und der Verfolgung gewesen ist, sollten wir Christen besser kennenlernen. Es gibt ausgezeichnete Geschichtsdarstellungen, die uns die Hintergründe dieses Volkes deutlich machen können.

Dem dunklen Kapitel unserer jüngeren Geschichte wollen wir nicht davonlaufen. Wir sollten für uns und unser Volk den Herrn um Vergebung bitten, der selbst in seiner irdischen Existenz ein Jude war. Die Begegnung mit Israel geht nur über die Vergebung, aber dann kann sie wunderbar gelingen.

# IX. Das Leben der Christen (12–16)

Wir stehen damit am letzten großen Abschnitt des Briefes. Paulus hat Juden- und Heidenchristen das Evangelium verkündigt. Er hat die großen Themen des Glaubens und des Lebens behandelt und ist dem Geheimnis Israel nachgegangen. Nun geht er auf jene Fragen zu, die im Leben der Gemeinde eine entscheidende Rolle spielten.

Es sind ja nicht die *großen* Fragen, die uns bewegen, sondern die Alltäglichkeiten, die unser Leben ausmachen, wie man miteinander umgehen soll, wie man die Schwächen und Andersartigkeiten beurteilen kann, wie man mit dem Andersdenkenden zurechtkommt und ähnliches. Diese Alltäglichkeiten und ihre Last kennt jeder. Ihren Grund haben sie oft in ungelösten Lebensfragen. Wer die sogenannten »kleinen« Dinge des Alltags bedenken und regeln will, muß auf diese ungelösten Lebensfragen kommen. Können wir uns vorstellen, daß Paulus unter anderem darum seine großen Kapitel geschrieben hat, um von daher die »kleinen Alltäglichkeiten« erst recht zu behandeln?

Wer von diesem Hintergrund her einmal Römer 12–16 liest, wird erstaunt feststellen, wie die großen theologischen Fragen nach Sünde und Glauben, nach Gesetz und Evangelium in einem engen Zusammenhang mit dem Alltag der Gemeinde in Rom stehen.

Jeder kann sich das ja ausmalen, wie Juden- und Heidenchristen aufeinander eingeredet haben, um sich gegenseitig zu überzeugen. Ich kann mir gut denken, daß ein Römer nicht gerade leise auf einen judenchristlichen Bruder eingegangen ist, wenn der ihm Vorhaltungen wegen des Opferfleisches machte. Ein gesetzestreuer Judenchrist wird nicht gerade ehrfurchtsvoll vor einem römischen Bauarbeiter gestanden haben, wenn es um die Klärung von Sitte und Gesetz im Reich des Messias ging.

Ich kann mir gut denken, daß Paulus sehr an diese Auseinandersetzungen gedacht hat, wenn er seine großen Kapitel schrieb. Folgerichtig setzt er in den letzten Kapiteln seine Theologie in kleine Münze um. Der Alltag ist unsere Welt, und was soll uns ein Evangelium, wenn es nicht unseren Alltag füllen und erlösen würde?! Diese Umsetzung des Evangeliums für das Leben ist die Ethik.

Zunächst der Aufbau und Gedankengang von *Kapitel 12 – 16*:

*12,1 – 2*: Grundregel christlichen Lebens: Lebensopfer – Distanz zur Welt, Prüfen des Willens Gottes.

*12,3 – 21*: Das Verhältnis zum Bruder am Beispiel von aktuellen Anlässen.

*13,1 – 14*: Verhältnis der Christen zum Staat und zur Öffentlichkeit. Paulus klärt, was Obrigkeit bedeutet und welches Zeugnis die Christen in einer heidnischen Welt anzubieten haben.

*14,1 – 15,13*: Die Schwachen und die Starken im Glauben. Paulus zeigt, wie man Gestaltungsfragen klärt und sie nicht mit der Frage nach der Seligkeit verbindet.

*15,14 – 16,27*: Schluß des Briefes: Paulus grüßt und beschreibt noch einmal seinen Auftrag.

# 1. Die Grundregel christlichen Lebens

Ich möchte den *Hauptsatz zur Lebensgestaltung im Glauben* sagen, um damit den grundlegenden Unterschied zur Anstands-, Gesetzes- und Willensethik zu erklären.

Der Hauptsatz lautet: *Ein Christ tut nicht, was er soll* (er steht weder unter dem Gesetz wie die Juden, noch unter Idealen wie die Idealisten, noch unter dem Anspruch der Meinungen von Menschen oder ähnlichem), *sondern ein Christ tut, was er glaubt!*

Damit ist das hohe und einzigartige Thema eines Christen angeschlagen: Der Glaube an Jesus Christus!

Gleichzeitig wird gezeigt, worin sich ein Christ grundsätzlich von anderen Menschen unterscheidet. Der normale Mensch erwartet Gebote und verhält sich danach, so gut er es vermag. Der Christ aber, der sich in dieser Welt selbstverständlich den Ordnungen und Geboten des menschlichen Miteinanders unterordnet (siehe Röm. 13), lebt dennoch nicht von und in Geboten, sondern in und durch den

Glauben. Und dies hat enorme Konsequenzen für das gesamte Leben, das damit tatsächlich auch völlig anders aussieht als das Leben eines anderen Menschen.

Um dieses Thema soll es uns gehen. Jeder soll sich prüfen, wie er das, was hier beschrieben wird, für sein Leben übersetzen und annehmen kann.

Frage 1: *Was glaubt denn ein Christ?*

Wenn wir unseren Hauptsatz hören, dann müssen wir genauer fragen: Was glaubt der Christ, daß er daraufhin etwas tut?

Die Antwort ist einfach und doch folgenschwer: Der Christ glaubt die lebendige und unauflösliche Einheit mit dem gekreuzigten, auferstandenen und gegenwärtigen Herrn Jesus Christus.

Der christliche Glaube hat sein Wesen nicht in einigen Gedanken über Gott und die Welt, obwohl der Glaube auch viele Gedanken hervorbringt, sondern im Glauben geschieht das Einssein mit und in Christus.

Persönlich formuliert kann man es so sagen: Weil Christus sich für mich geopfert hat, darum opfere ich mein ganzes Leben auch für ihn. Weil er mich erlöst hat von Sünde, Tod und Hölle, darum bin ich befreit von diesen dunklen Mächten und will ihnen nicht mehr gehorchen. Weil ich durch ihn beschlagnahmt bin, bin ich frei von allen anderen Mächten und gehöre allein ihm und seinem Auftrag, trotz meiner Sünde und Schwäche.

Wenn wir den Glauben an Jesus Christus so verstehen und auch leben, dann werden wir erfahren, daß Seine Gegenwart in uns wirkt. Die Auswirkungen nennen wir »Früchte des Glaubens«. Denn das Einssein mit Christus wirkt sich ganz bestimmt aus im Denken, Reden, Wollen und Handeln.

So ist christliches Handeln zutiefst »Christi Handeln im Menschen«. Christliche Ethik ist »christusgewirkte Ethik«. Christliche Ethik hat ihr Zentrum nicht im menschlichen Willen, sondern immer im Herrn Jesus Christus, der heilend und reinigend das Innerste eines Menschen (die Bibel sagt »Herz«) erreicht und bewegt!

Ich wiederhole diesen Hauptsatz: Ein Christ tut nicht, was er soll, sondern er tut, was er glaubt!

Frage 2: *Welcher Herr Jesus Christus wirkt denn im Leben eines Glaubenden?*

Wir glauben an *den* Herrn, der als Menschensohn und Gottessohn den lebendigen Gott mit dem unheiligen Menschen versöhnt (2. Kor. 5).

Wir glauben an *den* Herrn, der »das Ebenbild des unsichtbaren Gottes ist, der Erstgeborene vor allen Kreaturen. Denn in ihm ist alles geschaffen, was im Himmel und auf Erden ist . . .« (Kol. 1,15–20)

Wir glauben an *den* Herrn, der durch den Heiligen Geist verherrlicht wird (Joh. 16,14) und sich in dieser Welt und dieser Geschichte ein großes Volk, nämlich eine Gemeinde, eine Kirche sammelt (Apg. 2 u.a.).

Es geht also um die Entdeckung des in der Schrift bezeugten Jesus Christus. Denn er will in uns wirken, in uns wohnen und uns zu einem neuen, seiner Herrschaft gemäßen Verhalten führen.

So befinden wir uns also beim Glauben immer auch auf der Suche nach dem Geheimnis Jesu, damit wir uns nicht einem verzerrten Christusbild ausliefern, sondern an den lebendigen Herrn glauben. In dem Mühen um die stete Entdeckung des Geheimnisses Christi befinden wir uns mitten im Leben der Gemeinde Jesu, denn es gibt keine Entdeckung Jesu an Kirche, Theologie, Verkündigung und Seelsorge vorbei. Wir gewinnen die Gestalt Jesu immer nur in und durch die Kirche Jesu.

Auch das Erkennen, was jeweils christliches Handeln sein kann, vollzieht sich immer in und mit der Gemeinde Jesu. Ja, gerade dann können wir von »Glaubensethik« sprechen, wenn wir in und mit der Kirche dem Geheimnis des Glaubens nachsinnen, wenn wir dann in und mit der Gemeinde über den rechten Wandel eines Christen nachdenken.

Gewiß wird der Glaubende immer prüfen müssen, ob und wieweit die Antwort der Kirche jetzt für ihn auch eine Antwort Jesu sein kann; aber niemals kann der Glaubende

an seinen Herrn glauben, wenn er an der Kirche vorbei-
geht. Hier hat die Lehre der Kirche, und hier haben die Väter ihren vom Herrn gewiesenen Platz, den keiner unge-
straft übersehen kann.

Ausführlich lautet unser Hauptsatz nun folgenderma-
ßen: Ein Christ tut nicht, was er aufgrund irgendeines Gesetzes oder eines Befehls tun soll, sondern er tut, was er in
der Einheit mit dem Christuszeugnis der Heiligen Schrift
und inmitten des Lebens seiner Kirche glaubt.

Frage 3: *Was tut der Christ im Glauben?*

Wir können auch fragen: Wie wirkt sich die Gegenwart
Jesu im Leben eines Glaubenden und im Leben der gläubigen Gemeinde aus? Welche Folgen hat seine Herrschaft für
das Denken, Reden, Wollen und Handeln? Meine Antwort
gliedert sich in drei Teile:

a) *Kein Mensch kann wissen, was der Herr* im Leben eines
Menschen oder einer Gemeinde *wirkt,* was er gibt, wozu er
sendet, wie er reinigt und heiligt oder wie er die Herzen in
der Tiefe bewegt. Dieser Satz muß festgehalten werden,
damit das Handeln des Herrn frei bleibt und wir kein Urteil über einen Menschen sprechen. Es könnte sonst sein,
daß wir nicht nur dem Menschen Unrecht tun, sondern
auch über das Wirken Jesu in einem Menschen urteilen,
was uns nicht zusteht.

b) Auf der anderen Seite sind die Botschaft Jesu und das
Zeugnis der Apostel erfüllt von *Zeichen* und Merkmalen
eines von Christus erfüllten und bestimmten Lebens. Ob
wir die Bergpredigt lesen (Mt. 5–7) oder die Aussendungs-
reden hören (Mt. 10), ob wir uns mit 1. Kor. 13 oder Phil.
2,5–11 und 4–9 beschäftigen –, immer wieder wird bezeugt, daß das Leben in der Einheit mit Christus kraftvoll,
verwandelnd und außergewöhnlich ist. Die Gegenwart Jesu ist keine Redensart, sondern eine verwandelnde, bewe-
gende und leuchtende Macht. Dies ist das Zeugnis der
Schrift und vieler Jünger Jesu in der Geschichte der Kirche.

c) Ich möchte jetzt nur einige Zeichen und Merkmale
nennen, die im Leben der Gläubigen und der Kirche immer
wieder zu sehen waren und zu sehen sind, so daß man an-

nehmen kann, daß in diesen Zeichen die Nähe Jesus sichtbar wird. Allerdings muß nicht jeder, der ein solches Zeichen setzt, vom Herrn sein (ein Mensch kann manches auch selbst machen), aber wenn der Geist Gottes einen Menschen führt, dann kommt es zu diesen Auswirkungen, zu einem bestimmten Lebenswandel und einer bestimmten Ethik. Einige Merkmale:

– Weil in Jesu Leiden und Sterben die Versöhnung mit Gott vollbracht wurde, darum wird ein Glaubender zum Frieden finden, versöhnlich werden und in tiefer Dankbarkeit Sein Loblied mitsingen und mitsprechen.

Darum hat alle Ethik ihren Grund in der Versöhnung, und deshalb ist das Handeln des Christen vom Lobgesang und Dank durchzogen. Ja, der Dank ist das Gütezeichen christusgewirkter Ethik.

– Im Frieden mit Gott wird die Bejahung der eigenen Existenz erfahren und angenommen; darin wird die Sorglosigkeit geboren und genährt. Denn sein Ja zu einem Menschen führt zur befreienden Sorglosigkeit für das ganze Leben.

Christliche Ethik ist immer auch mitgetragen von Entkrampfung und von Offenheit für die Führungen des Herrn. Deshalb hat christliches Handeln eine andere Kraft, als wenn ein Mensch in ständiger Angst um Anerkennung leben muß.

– Da Jesus Christus die Vollmacht hat »im Himmel und auf Erden«, muß ein Christ nicht mehr um den Fortgang des Reiches Gottes bangen. Er muß keine Macht einsetzen und keine Intrigen spinnen, um Jesu Sache durchzusetzen, denn er weiß und erfährt es als tiefe Gewißheit: Der Herr *ist* Herr; was können ihm Menschen, was können ihm Strömungen der Geschichte tun?

In dieser Gewißheit kann der Christ klein und ohnmächtig sein, er kann sich vom Ehrgeiz und dem Streben nach Macht und Anerkennung abwenden. Er wird frei zum Dienst, weil er frei ist von der Angst. Wer Angst hat, muß beherrschen, wer herrschen muß, der hat Angst. Der Glaubende wird dienen!

Christliche Ethik kann die Ohnmacht des Dienens wählen, denn sie weiß und lebt von der Macht Jesu. Welch eine neue Weise der Weltbeeinflussung!

– Jesu Heilswerk geschieht am Menschen, der ja immer auch ein Teil der ganzen Geschichte, der ganzen Schöpfung und der ganzen Menschheit ist.

Die Erfahrung des Heils Jesu erreicht zwar tatsächlich das innerste Wesen des Menschen, aber von dort wirkt sie in alle Bereiche des Lebens.

Die erfahrene Versöhnung in Christus führt immer zu einem versöhnten Umgang mit der Schöpfung und mit den Menschen.

Damit ist der Christ zu einem einzigartigen Umgang mit der Welt, mit der Schöpfung und mit der Geschichte der Menschen befreit: Er muß von dieser Welt nicht erwarten, was nur Gott gibt, aber er kann von dieser Welt nehmen, was ihm Gott hier geben will. Er muß die Welt nicht zum Himmel machen, aber er kann und wird Sorge tragen, daß der Welt, der Schöpfung und den Menschen das Leben erhalten wird, wo immer dies nötig und möglich ist. Der Glaubende gewinnt einen nüchternen und lebenschaffenden Umgang mit der Welt.

Wir kommen nun zur Auslegung der einzelnen Kapitel. Bitte lesen Sie im folgenden jeweils das Kapitel, auf das ich hinweise.

*Die Grundregel christlichen Lebens (12,1–2)*

Was nützen die schönsten Gedanken über Gott und seine Versöhnung, wenn das Leben vor Gottlosigkeit und Unversöhntheit strotzt?

Ich will mich hier darauf beschränken, auf die entscheidenden Aussagen hinzuweisen.

»Ich ermahne euch nun, liebe Brüder . . .« (12,1): Das Wort »ermahnen« heißt im Griechischen »parakaleo«. Das bedeutet nicht, moralisierend den Zeigefinger zu erheben, sondern zu ermutigen, zu helfen und zu stärken. Es setzt das Erbarmen Gottes voraus und verweist die Gemeinde auf diese Grundlage (»durch die Barmherzigkeit Gottes«). Wir tun nichts aufgrund von Befehlen, sondern wir tun das, wozu uns das Erbarmen Gottes drängt, weil wir bereits gerechtfertigt sind.

Damit verweist Paulus auf den inneren Standort des Glaubens. Wir sind geprägt und gehalten von Ihm, von Seiner Gegenwart, Seiner Versöhnung, Seiner Liebe, Seiner Wahrheit. Von hieraus lernen wir zu denken, zu reden und zu handeln.

Deshalb kann Paulus uns auffordern, unser ganzes Leben als Opfer zu geben – nicht nur bestimmte Gedanken zu denken oder bestimmte Taten zu tun. Opfer bedeutet, daß man es aufgibt, selbst im Mittelpunkt des Lebens zu stehen, und sich hingibt und weggibt.

Der gegenwärtige Herr hat sich für uns als Opfer gegeben; er will unser Herz, nicht nur etwas Äußerliches. Darum will er in uns die Hingabe wecken: das Opfern, Loslassen und Dienen. Nicht wir entscheiden also, ob wir uns für andere, für unsere Kirche oder unsere Welt aufopfern wollen, sondern Seine geglaubte Gegenwart in uns entscheidet darüber, daß wir uns hingeben zum Dienst.

Paulus schreibt dies in der Zeit des römischen Heidentums, als der Sklave ein entrechteter und verachteter Mensch war. Das Heidentum kennt keinen armen, liebenden und sündentragenden Gott, darum kennt das Heidentum auch keine Lebensweise, die sich um Schwache und Elende wie zum Beispiel die Sklaven kümmerte.

Mit dem Evangelium kommt eine völlig neue Gottesvorstellung und damit eine neue Lebensweise in die Welt: Gott opfert sich ans Kreuz, beugt sich zum Sünder und ist barmherzig mit dem Elenden. So wird der Glaubende in die gleiche Bewegung des Beugens, Opferns und der Barmherzigkeit hineingezogen. Dieses Evangelium ist bis zur Stunde immer wieder neu und anders als das, was wir kennen, die daraus erwachsende Lebenshaltung ist auch neu und stößt bis zur Stunde auf die Verständnislosigkeit der Welt.

Man kann auch sagen: Weltliches Leben zeigt sich darin, daß ein Mensch *über* andere herrschen und verfügen will. Aber gerade in diesem »über« kann man niemals das Wesen eines Menschen erreichen. Die Diktatoren aller Schattierungen, auch in der Gemeinde, können beeindrucken und zwingen, sie können drohen und vergewaltigen, aber das Herz gewinnen können sie nicht.

Geistliches Leben hat sein Wesen darin, daß ein Mensch seine Macht und seinen Einfluß aufgibt, seine Faszination und seine Herrlichkeit ablegt und sich nur noch überlegt, wie er dem anderen Menschen in der jeweiligen Lage das Leben erleichtert und ihm zur Versöhnung und zum Weg der Wahrheit hilft. Gerade dann gewinnt er die Herzen der Menschen.

Ich hörte von einem Vater, der seine Kinder zu einer bestimmten Frömmigkeit zwingt. Der Vater meint es gut, aber er macht seine Kinder aufsässig und krank. Er stößt sie weg, denn er will über sie herrschen. Er hat noch nicht entdeckt, daß das Evangelium die Kinder nur erreicht und verwandelt, wenn er es ihnen gibt und dann losläßt. Der Vater ist inmitten seiner Frömmigkeit »weltlich« geblieben. Er meint, er müsse selbst die Verwandlung bewirken.

». . . stellt euch nicht dieser Welt gleich . . .« (V. 2) meint: Seid nicht weltlich, sondern geistlich. »Weltlich sein« bedeutet herrschen, sein wollen wie Gott, über andere verfügen wollen; »geistlich sein« heißt, in und mit Christus dienen, loslassen und sich liebend opfern.

Diese christliche Grundregel gewinnen wir nur aus der Erkenntnis des Lebens Jesu, aus dem Glauben an ihn und aus dem Vertrauen, daß diese Lebensweise nicht ärmer, sondern unendlich reicher und getroster macht als alles andere, was die Welt sonst tut und macht!

Ich fasse zusammen: Es wird hell über dem, der dient, opfert und so das Leben, die Freiheit und die Würde der anderen fördert. Es ist dunkel und verkrampft um den, der herrschen und verfügen will, denn er muß dem anderen die Freiheit und die Würde nehmen und wird so selbst unfrei und würdelos.

## 2. Das Verhältnis zum Bruder (12,3–21)

Paulus zeigt, daß ein Christ immer mit Brüdern und Schwestern lebt. Wir sind nicht nur für uns allein Christen, sondern wir sind es vor allem durch die anderen und für die anderen. Christen sind nicht nur »Ichs«, sondern sie sind verbunden zu einem »Wir«. So nehmen wir von den Gaben, die andere haben, und geben die Gaben, die wir empfangen haben. In diesem Austausch geschieht *Gemeinde*.

Es macht froh zu sehen, wie viele Gaben es in der Gemeinde gibt! Jeder von uns *ist* bereits eine Gabe, und jeder von uns *hat* Seine Gaben. Das bedeutet: Man sollte sich immer wieder Zeit nehmen, die Gaben der anderen zu entdecken, sie zu wecken und zum Dienst in der Gemeinde zu bringen. So entsteht neues Leben in unserer Kirche. Verzichten Sie lieber auf häufige Kritik an den Gemeinden, denn sie bringt nichts; aber verzichten Sie niemals auf die Entdeckung der Gaben, die Gott gibt. Und keiner vergesse, daß auch er begabter ist, als er wahrhaben will!

Ab *V. 9* sollte man sehr bewußt lesen, sich bestimmte Menschen und Situationen aus dem eigenen Leben und seiner Umgebung vorstellen und versuchen, in diesem Geist Menschen und Situationen zu sehen. Denken wir dabei an *V. 12*: »Seid fröhlich in Hoffnung . . .« Wir Christen leben von Gottes Zusage, seinem ewigen »Ja«, und darum dürfen wir beten und fröhlich sein. Erbitten Sie die Gabe der Freude und des offenen und hellen Gesichts, denn jede Begegnung, die aus der Freude und Hoffnung, aus dem Glauben und dem Gebet kommt, hat verwandelnde und mutmachende Kraft. Es ist so entscheidend, daß wir nicht aus der Rechthaberei, aus Machtstreben oder Angst, sondern aus der Freude kommen. Die Freude aber kommt aus dem Wort vom Kreuz: Hier sagt er sein ewiges Ja, und hier verschenkt er seinen Reichtum. Darum hören wir auf dieses Wort und glauben es in Einfachheit und Dankbarkeit.

Dann können wir auch mitleiden und mittragen, ohne im Leid zu ersticken oder unter den Lasten zugrunde zu gehen (*V. 14–15*).

Ab *V. 16* folgen dann Weisungen, die man nur hören und verwirklichen kann, wenn man wirklich in der Gemeinschaft mit dem Herrn lebt, der sich zu den Niedrigen hielt, der sich nicht für klug ansah und der Böses nicht mit Bösem vergalt. *V. 16–21* sind so klare, schöne und lebenseröffnende Worte, die man tief in sich aufnehmen sollte. So können Menschen leben, die in Christus sind. Es gibt wirklich eine in der Welt unbekannte Freiheit: Sie wird geboren und wächst, wo die Einfachheit des Glaubens an Jesus Christus bestimmend ist. Diese Freiheit ist für alle da, die sich für Christus und seine Wahrheit öffnen!

Halten Sie sich immer vor Augen, daß der »Leib Christi«, also Seine irdische Gegenwart, in der konkreten Gemeinde Wirklichkeit geworden ist. Es hat keinen Sinn, eine Idealgemeinde zu erträumen; es gibt sie nur in Träumen und bei Träumern. Wagen Sie es, sich in Ihre Gemeinde vor Ort hineinzugeben, *hier* die Gegenwart Jesu zu glauben, sein Wort und sein Sakrament anzunehmen und Ihre Gaben und Ihre Liebe zu geben. Sie werden reicher gesegnet, als Sie es sich jemals erträumt haben! Üben Sie sich ein in lebendige Gemeinschaft: Die Gemeinschaft ist der Ort, wo Sie nicht mehr angeklagt werden. Die Bruderschaft der Christen ist die Art, wo wir nehmen, was wir um Jesu und um des Lebens willen brauchen, ohne uns zu schämen; wo wir aber auch bedingungslos abgeben, was wir bekommen haben, wenn der andere es braucht. Bruderschaft kennt die Einheit von Barmherzigkeit und Wahrheit und wird es nicht zulassen, daß es das eine ohne das andere gibt. Bruderschaft ist möglich durch die Gegenwart Jesu. Sie will, erbittet und vollbringt heilende Einheit, und sie hat die Vollmacht, den Geringsten zu ehren, auf Macht zu verzichten und sich der Liebe Jesu zu freuen.

Dies sind keine schönen Redensarten, sondern tragfähige Wahrheiten für den, der dem gekreuzigten und auferstandenen Herrn in Einfachheit glaubt. Unser Herr will und schafft Gemeinschaft, die einzigartig und voller Freude ist. Er erwartet nur eins von uns: Glaube und Demut. Bruderschaft wird nie dort entstehen können, wo einer selbst Gott spielen will oder wo jemand über einen anderen herrschen möchte. Wo aber Menschen um Sein Erbarmen bitten und sich in Demut gegenseitig vergeben und tragen, da leuchtet eine Lebensmöglichkeit auf, die unvergleichlich lebens- und lobenswert ist. Diese Lebensweise kennt die Welt nicht, denn sie hat die Liebe Jesu nicht angenommen. Aber wo immer in dieser Welt das Leben der Gemeinde Jesu sichtbar wird, da wird auch die Welt hellhörig und wird voller Sehnsucht zur Gemeinde schauen!

### 3. Das Verhältnis zur Welt und zur Obrigkeit (13)

Ich will hier kein Buch über dieses Thema und Luthers Lehre von den beiden Reichen schreiben (dem geistlichen und dem weltlichen Regiment). Deshalb nur in Kürze einiges Grundlegende:

Paulus reißt die Christen aus dem Traum, als wären wir in dieser Welt schon die Welt mit ihren Strukturen und Ordnungen los. Wir Christen leben zwar im Glauben bereits unter der Herrschaft Jesu, aber dem Leib nach leben wir in dieser Welt mit ihren Mächten und staatlichen Ordnungen. Es ist geradezu ein Zeichen der Versöhnung, daß wir Christen auch mit dieser Welt und mit ihren Ordnungen leben wollen und können. Es ist ein Zeichen von tiefster Unversöhnlichkeit, wenn man jeden Staat und seine Ordnungen ablehnt und ihn lächerlich macht.

Der Christ unterscheidet zwischen staatlicher und geistlicher Ordnung, aber er trennt sie in dieser Welt nicht so, daß der Staat keine Existenzberechtigung mehr hätte und das Reich Gottes alleinige Wirklichkeit wäre. Der Christ weiß, daß in dieser Welt beide »Regimenter« in einer bestimmten Spannung zueinander stehen und aufeinander angewiesen sind. Er weiß, daß Jesus Christus Herr über beide ist.

Staatliches Leben bedeutet immer, daß in dieser »verrückten Welt«, die erfüllt ist mit »verrückten Menschen«, Ordnungen gefunden werden müssen, die ein mögliches Miteinander garantieren. Dieses Ordnen und Gestalten gehört mit zur Erhaltung der Welt. Ein Christ wird alles tun, um diese Welt zu erhalten. Entdeckt der Christ, daß ein Gesetz verbessert werden kann, damit das Miteinander von uns Menschen dem Leben gemäßer ist, dann wird er dafür eintreten. Aber er tut das im Rahmen des Gesetzes und der Ordnung. Die Frage, wann ein Christ im äußersten

Notfall das Gesetz übertreten darf, müßte gesondert bedacht werden. Dieses Verhalten zum Staat, zu seinen Gesetzen und den Gesetzgebern (Obrigkeit) gehört mit zur Nächstenliebe. Darum zahlen wir Steuern, darum halten wir die Straßenverkehrsordnung und ähnliches und achten darauf, daß von uns keine Unordnung, sondern Ordnung und Hilfe zum Leben ausgeht. Wieweit wir uns an Demonstrationen beteiligen und wann wir uns in dieser oder anderer Form laut und deutlich an den Gesetzgeber wenden, muß von Fall zu Fall entschieden werden.

In jedem Fall brauchen der Staat und unsere Gesellschaft unsere Mitwirkung. Auch das gehört zum »Gutes tun«. Wir können uns nicht auf den Römerbrief berufen, wenn wir uns als Christen nicht für die Vorgänge in unserem Land und in der Welt interessieren. Es geht darum, daß wir im Glauben an den Herrn und Heiland der Menschen und der Welt nicht die Welt, die Schöpfung und das menschliche Miteinander verlassen oder gar in Unordnung versinken lassen. Wer an Jesus Christus glaubt, der ist immer auch mit der Welt so versöhnt, daß er ihr in allen Bezügen und soweit die Kräfte reichen, für das Leben eintritt. Christusglaube und das Bemühen um die Erhaltung allen Lebens gehören zusammen.

Ein Schlußwort zum Thema »Christ und Staat«: Wir verherrlichen den Staat nicht als letzte Größe und wir wissen um die Unheimlichkeit mißbrauchter Macht. Wir wissen aus der deutschen Geschichte, wie schrecklich Diktatoren irren können, und wie leichtgläubig ein Volk sein kann. Aber das soll uns niemals hindern, für unser Volk und für unser Land bewußt einzutreten. Wir haben gewiß keine »himmlische« Verfassung, wohl aber ein Grundgesetz, das zu den freiesten von allen Staaten zählt. Und der Reichtum unserer Kultur und Geschichte darf nicht verloren gehen, sondern sollte immer wieder neu entdeckt werden. Das ist kein Nationalismus, sondern gehört zur Versöhnung des Christen.

## 4. Von den Schwachen und den Starken (14,1–15,13)

### a) Die Verantwortung für mich und den anderen

Worum ging es damals und worum geht es heute?

Es geht immer, zu allen Zeiten und an allen Orten, wo Christen leben, um die Frage: Was kann ich mir guten Gewissens leisten? Und was kann und darf ich dem anderen Christen zumuten und was nicht? Wer verkraftet was und zu welchem Zeitpunkt? Wann verkrafte ich bestimmte Dinge nicht mehr? Wann nimmt mein eigener Glaube Schaden, und wann nimmt der Glaube des anderen Schaden? Das sind Grundfragen des geistlichen Miteinanders.

Zur Zeit des Paulus und der Gemeinde in Rom ging es zum Beispiel um die Frage, ob ein Christ das Fleisch essen dürfe, das die Heiden ihren Göttern vorher geweiht hatten und dann zum Verkauf und Verzehr anboten. Die Frage hieß damals, ob dieses Fleisch gewissermaßen derart heidnisch belastet war, daß man mit dem Genuß indirekt Anteil am Heidentum bekam. Für uns sind diese Fragen nach dem Götzenopferfleisch nicht mehr aktuell, aber die Problematik dahinter ist entscheidend und geht uns als Christen immer etwas an.

Paulus stellt, nachdem er den Glauben über alles gerühmt hat, folgende Fragen: Was stört und zerstört den Glauben bei mir und beim anderen? Wann trägt er durch, und wann wird der Glaube schwach und nimmt Schaden?

Oder anders formuliert: Der Glaube ist eine tiefe und innige Liebes- und Vertrauensbeziehung. Was kann dieser Beziehung schaden, und was kann sie schützen und stärken?

Diese Fragen hat nur der Christ, der weiß und erlebt, daß durch den Glauben das ganze Leben für Zeit und Ewigkeit ermöglicht wird. Nur dann kann er ja auch die Sorge haben, daß irgend etwas diesem Glauben schaden und ihn zerstören könnte.

Diese Sorge, die ich meinem Herrn sagen kann, drückt aus, daß mir die Beziehung zu Christus über alles geht, weil aus ihr mein Leben und aller Segen für Zeit und Ewigkeit kommen. Vieles kann in meinem Leben zu Bruch gehen, vieles muß ich loslassen, aber die Bindung des Herrn an mich und meine Bindung an ihn kann ich niemals aufgeben!

Habe ich das für mein eigenes Leben erkannt, bekomme ich auch einen Blick für den Glauben des Bruders und der Schwester! Was mir wertvoll wurde, das werde ich auch im Leben meiner Geschwister für wertvoll halten. Glaubende sind Liebende, sie leben aus der Liebe Jesu und achten darauf, daß auch der andere in dieser Liebe bleiben kann.

Um dieses große Lieben geht es Paulus in Kapitel 14! Dem Apostel sind die Sorge und die Liebe um den Glauben so wichtig, daß er ihnen ein ganzes Kapitel seines Briefes widmete. (Es empfiehlt sich, noch einmal das Kap. 14 zu lesen.)

Aufgrund dieser Liebe und der Sorge um den Glauben ist zu verstehen, warum Paulus leidenschaftlich zum Verzicht auffordern kann für die Situationen, wo der Glaube und die Liebe zum Glaubenden gefährdet sind (siehe V. 21 u.a.).

## b) Beispiele

Nun können wir die Fragen noch einmal stellen: Was stört und zerstört die Liebes- und Lebensbeziehung zum Herrn bei mir und bei anderen? Was verkrafte ich im Glauben, und was verkraftet der andere? Wann nehme ich Schaden in meinem Glauben, und wann nimmt der andere Schaden?

Ich muß erst wissen, was ich verkrafte und was nicht. Dies ist eine seelsorgerliche Angelegenheit, und es ist gut, wenn man sich an einen Seelsorger wendet, der einem hier die Augen öffnen kann.

Wie steht es mit der Stillen Zeit? Wie mit dem Bibellesen? Mit dem Gottesdienst?

Wie ist das mit den Partys, die wir feiern? Mit dem Urlaub, den wir verbringen, und der Arbeit, die wir tun? Wie ist das mit den Freunden, die wir haben, und mit den Leuten, die wir nicht mögen? Was für ein Leben führen wir, was macht uns Spaß und was macht uns traurig?

Es geht nicht darum, ob etwas anständig ist oder nicht, sondern unsere Frage lautet: Was schützt meinen Glauben an Jesus Christus und nützt ihm, was stört oder zerstört ihn?!

An dieser Frage werden wir uns immer wieder gründlich aufhalten müssen, und es wird gut sein, wenn wir mit anderen Christen und auch mit erfahrenen Seelsorgern darüber sprechen. Ich nenne im folgenden einige Kriterien, die erkennen helfen, ob etwas das geistliche Leben fördert oder nicht (14,22–23):

Das, wofür wir von Herzen danken können, sollten wir auch gerne annehmen. Und was das Beten und Loben, die Gemeinschaft mit Christen und unser Dienen nicht hindert, das wollen wir im Glauben dankend empfangen! Wenn wir aber unsicher werden und ein schlechtes Gewissen bekommen, dann sollten wir entweder im Kreis unserer Mitchristen oder mit einem Seelsorger unter vier Augen nachdenken, ob das richtig war und im Glauben gelebt werden kann. Diese Grundhaltung hat mir stets geholfen.

Gleichzeitig sollten wir uns fragen, ob das, was wir selbst tun können, für andere, die mit uns leben, ebenfalls möglich ist, oder ob man hier Rücksichten zu nehmen hat.

Ich möchte einiges aus der Praxis berichten: Ein Gruppenleiter, der gerne tanzt, fragt mich, ob Tanzen Sünde sei. Darauf kann ich nur sagen: »Das Tanzen entscheidet nicht über die Seligkeit, sondern der Herr Jesus Christus. Wenn Sie glauben, daß der Tanz Sie nicht im Glauben gefährdet, dann tanzen Sie getrost; aber wenn Sie merken, daß Sie innerlich keine Freiheit dazu haben, dann lassen Sie es! Es kommt noch hinzu, daß vielleicht einige Jugendliche aus Ihrem Kreis auch auf der Party sind. Nun sehen diese Jungen, daß Sie tanzen, denken sich: ›Was der kann, das können wir auch!‹ und stürzen sich ins Gewühl. Wenn diese jungen Menschen das nicht verkraften, was Sie verkraften, und vom Glauben und vom gottesdienstlichen Leben abkommen, dann wären Sie mit Ihrer Stärke Anlaß, daß sie in ihrer Glaubensschwäche scheitern werden.«

Genauso könnten wir jetzt auch über das Rauchen und das Trinken von Alkohol sprechen: Was der eine im Glauben beherrscht, kann für den anderen Anlaß werden, um in irgendeiner Form abhängig zu werden.

Darum wird ein Christ sich zunächst selbst fragen müssen, was er mit Dank annehmen kann und was nicht, was ihm im Glauben gefährlich werden kann und was nicht. Aber gleichzeitig wird er sich immer auch fragen müssen, ob und wie der eigene Lebenswandel vom anderen übernommen wird, und ob dies dann dem Glauben schadet oder nützt. Das ist die Verantwortung, die wir haben.

Gewiß sollten wir dabei weder überängstlich werden noch uns von jenen tyrannisieren lassen, die in verkrampfter Frömmigkeit ein neues Gesetz aufrichten wollen. Die *Verse 7 – 10* werden jeden von uns so leiten, daß wir in der Gebundenheit an den Herrn auch die Freiheit finden, die den anderen um Jesu willen schützt. Der Liebende hat immer auch die Kraft zu verzichten, wenn er sieht, daß dem anderen dadurch geholfen wird.

Wir sind durch den Anruf Jesu sein Eigentum und damit frei, alles mit Dank zu empfangen! Gleichzeitig sind wir für die anderen da; um Jesu willen wollen wir auch gerne verzichten und so dienen, daß viel Frucht entstehen kann! Lassen wir uns in diesem Geist leiten, dann werden wir schon wissen, was zu tun und zu lassen ist!

Bevor wir zum letzten Kapitel und damit zum Abschluß des Römerbriefs kommen, noch ein kurzes Wort zur Ethik des Christen:

## c) Der Grund der Ethik

Die christliche Ethik (sittliche Gestaltung des Lebens) ist einzigartig und unvergleichlich in dieser Welt, denn sie geht nicht von Geboten und Gesetzen, von Ängsten und Zwängen aus, sie bedroht und zwingt den Menschen nicht, sondern sie hat ihre Begründung und ihren Inhalt in der Liebe Jesu zu uns!

Der Grund der Ethik heißt nicht: Du sollst! oder: Du mußt!, sondern: Du bist in Jesus unendlich geliebt und gewollt. Er, der dich liebt, ist dir nahe und will dich in seiner Liebe und Versöhnung bestimmen und führen. Er will sich in dein Inneres versenken und in dir wohnen. Darum setze dich dieser ewigen Liebe aus, und dann lebe diese Liebe.

Wo ein Mensch diese Liebe lebt, da handelt er nach christlicher Ethik. Viele Menschen tun nur ihre Pflicht. Der Jünger Jesu aber lebt Christi Liebe! So geschieht in dieser Welt die Vollkommenheit unter unvollkommenen Menschen, denn Seine Liebe ist vollkommen.

### 5. Persönliches, Grüße, Ermahnungen (15,14–16,27)

Achten Sie auch auf dieses Kapitel. Wie viele Freundlichkeiten leuchten da auf!

Paulus grüßte viele Brüder und Schwestern in Rom. Darin spiegelt sich die Tatsache, daß die Gemeinde Jesu die Grenzen von Ländern und Völkern, Rassen und Sprachen überwunden hat. Das Evangelium beginnt sich in der ganzen Welt durchzusetzen.

Was hat der Apostel alles mit in diese Grüße eingeschlossen? Welche Namen stehen da, und welche Erlebnisse verbergen sich dahinter? Welche Freunde sind in die Heilige Schrift eingegangen und bis heute bekannt, weil sie dem Apostel Gutes getan haben?!

Da ist zunächst *Phöbe*, die Schwester, die Paulus viel in seinen Nöten und bei seiner Verkündigung geholfen hat.

Dann das Ehepaar *Priscilla* und *Aquila* (V. 4), die durch die Vertreibung der Juden aus Rom unter Kaiser Claudius nach Korinth geflohen waren und hier durch Paulus das Evangelium gehört hatten (nachzulesen in Apostelgeschichte 18).

Dann kommt *Epänetus* (V. 5), der erste, der sich in Kleinasien durch die Predigt des Paulus zu Christus bekehrt hatte.

V. 6 grüßt Paulus *Maria*, die sich viel Mühe für die Gemeinde in Rom gemacht hat.

Er denkt an seine Mitgefangenen *Andronikus* und *Junias* (V. 7); man male sich das aus: Menschen, die mit Paulus im Gefängnis gesessen hatten!

Von den vielen weiteren Namen will ich einen noch besonders erwähnen (V. 13), den des *Rufus!* Sein Vater war jener Simon von Kyrene, der unserm Herrn das Kreuz nach Golgatha getragen hat.

Was hat Simon wohl seinen Söhnen von dieser seltsamen Stunde erzählt, von dem Schrecken und dem heimlichen Glanz dieser einzigartigen Begegnung mit dem Heiland? Wie sind die Söhne erreicht worden, daß sie auch Christen wurden?

Außer Paulus grüßen auch seine Mitarbeiter. Ihre Namen verraten viel von der Freundlichkeit, die er als Bote Gottes erlebt hat.

Dann fügt Paulus noch einmal die Ermahnung zur Einheit ein (V. 17–20). Er hatte viel Grund, diese Mahnung auszusprechen. Die Kräfte des Widerspruchs waren damals da und sie sind in jeder Gemeinde da. Bezzel hat einmal gesagt, daß »der Sünde dunkelstes Ziel immer die Trennung ist«. Wer durch Christus allein gerechtfertigt ist, wird sich selbst nicht durchsetzen, sondern das Ganze der Gemeinde vor Augen haben und den Leib Christi höher achten als sich und seine Ansichten. Gott bewahre uns in dieser Demut und erlöse uns von dem Aberglauben, mit uns käme die neue Zeit und wir würden es erst jetzt richtig machen. Wir sind Jesu Knechte, die ihre Gaben bekommen, damit der Gemeinde gedient werde.

Dann grüßen weitere Freunde des Paulus und schließlich auch der Schreiber des Briefes: Tertius.

Was für eine große Leistung und welch ein Vorrecht! Ich möchte im Himmel besonders diesen Tertius kennenlernen und ihn eine Menge fragen.

Dann schließt dieser gewaltige Brief mit den Worten: »Dem aber, der euch stärken kann gemäß meinem Evangelium und der Predigt von Jesus Christus, durch die das Geheimnis offenbart ist, das seit ewigen Zeiten verschwiegen war, nun aber offenbart und kundgemacht ist durch die Schriften der Propheten nach dem Befehl des ewigen Gottes, den Gehorsam des Glaubens aufzurichten unter allen Heiden: dem Gott, der allein weise ist, sei Ehre durch Jesus Christus von Ewigkeit zu Ewigkeit! Amen.« (V. 25–27)

Lesen Sie diesen Hymnus langsam durch. Es ist der Augenblick, wo Paulus den Brief für die Kirche aller Zeiten beendet hat, mit Gottes Offenbarung an die Welt, die sonst nirgends zu finden ist.

Das Geheimnis von Jesus Christus, »das von Anbeginn der Welt verschwiegen war . . .« (V. 25): Bevor Jesus kam, konnte die Welt von Gott nichts wissen. Jetzt hat der Herr seinem Knecht Paulus auch für die Heiden sein Geheimnis offenbart. Nun ist die Wahrheit Gottes klar und sichtbar! Vergessen wir nie: Die Botschaft des Römerbriefes ist nicht aus menschlicher Weisheit entstanden, sondern aus der Weisheit des ewigen Gottes.

Wir, die wir diesen Brief vor uns haben, sind begnadet und bevorzugt. Und wenn die Zeit kommt, daß die Menschen nach Rat und Orientierung rufen, weil sich keiner mehr zurechtfindet im Dschungel der Welt, dann schlagen wir den Römerbrief auf und lesen, beten und ringen um Wahrheit.

>>Denn wenn man von Herzen glaubt,
so wird man gerecht;
und wenn man mit dem Munde bekennt,
so wird man gerettet.«                    (10,10)

# Schluß

## Bis hierher und noch weiter

Ein Wort zum Schluß. Paulus hatte zu seiner Zeit eine große Aufgabe zu lösen: Er mußte den christlichen Glauben so definieren, daß Juden- und Heidenchristen gemeinsam ihren Weg durch die Welt antreten konnten. Wir haben zu der heutigen Zeit die Aufgabe, das Evangelium zu verstehen und es für die Herausforderungen unserer Welt zu übersetzen.

Für Paulus hieß der Auftrag so: Er mußte dafür Sorge tragen, daß die Judenchristen die Gemeinde Jesu nicht zu einer jüdischen Sekte verdarben, indem sie die Enge des jüdischen, nationgebundenen Gesetzes für verbindlich erklärten. Paulus mußte mittels der Argumentation »des Mose und der Propheten« die junge Christenheit aus dem Leben des Gesetzes herauslösen.

Gleichzeitig mußte er bei den Heidenchristen darauf achten, daß sie nicht die Quellen des jüdischen Zeugnisses verließen; denn sonst wäre auch der schönste Christenglaube verwelkt. Die Botschaft, daß das »Heil von den Juden kommt« (Joh. 4,22) bindet den Christusglaubenden immer auch an das Zeugnis des Alten Testaments. Wo Glaube an Jesus Christus entsteht, bedeutet das auch immer, »Mose und die Propheten« verstehen zu müssen.

Paulus hat im Römerbrief diese große Aufgabe in einzigartiger Weise gelöst und Juden- und Heidenchristen in Jesus Christus geeint. Damit ist die Weite eines universalen christlichen Glaubens erhalten und in Worten festgehalten worden. Der Apostel hat unter der Führung des Geistes Gottes und in der Erfahrung seiner Mission seine Antworten gefunden. Sie sind für uns alle in diesem Brief bewahrt.

Wir gehen nun dem Ende des zweiten Jahrtausends entgegen. Jede Zeit hat ihre Herausforderungen und ihre Probleme, ihre Versuchungen und ihre Schuld, ihre Gaben und ihre Aufgaben. Die Kirche Jesu steht immer mitten in ihrer Zeit und dient den Menschen. Sie kann nicht im geistig luftleeren Raum wirken, sondern hat Anteil an den Herausforderungen der Zeit und muß in ihnen das Evangelium zur Sprache und an den Menschen bringen.

Das Evangelium von Jesus Christus liegt fest. Es kann mit Joh. 3,16 vollkommen so ausgesagt werden: »Also hat Gott die Welt geliebt, daß er seinen eingeborenen Sohn gab, damit alle, die an ihn glauben, nicht verloren werden, sondern das ewige Leben haben.« Dieses Evangelium weiterzusagen, ist der *Auftrag* der Kirche Jesu.

Diesen Auftrag so zu entfalten und zu sagen, daß der christliche Glaube nicht zu einer neuen Gesetzesreligion verkommt, sondern den Menschen erreicht, zum Glauben führt und für Zeit und Ewigkeit heil und selig macht, dies ist die *Aufgabe* der Kirche. Und die zweitausend Jahre Missions- und Kirchengeschichte sind von dieser Treue zum Auftrag und von der Mühe, diese Aufgaben zu lösen, erfüllt.

Wie sieht in unserer Zeit die Durchführung des Auftrages und die Lösung der Aufgaben aus? Wie muß heute Evangelium gedacht, gesagt, geglaubt und gelebt werden? Was müssen wir heute an Glaube und Mühe wagen, damit das Evangelium nicht zu einer nichtssagenden Redensart verdirbt? Was bedeutet Evangelium Jesu in einer Zeit, in der die Aussagen von Darwin, Freud, Marx, Einstein, Heisenberg und anderen die Menschen Europas erreicht haben?

Wie wollen wir über Gott und sein Heil sprechen, wenn wir zum Beispiel die Ereignisse der modernen Wissenschaften nicht ausklammern und verdrängen, sondern sie anhören und mit in den Lebensvollzug hineinnehmen?

Wie werden wir in den Großstädten den christlichen Glauben formulieren und leben? Wie werden wir in dem ungeheuren Überangebot von Unterhaltung Gemeinde bauen? Müssen wir völlig neue Mittel und Wege zum Menschen finden, um ihn nicht endgültig zu verlieren?

Was geschieht in der Weltmission? Welche Kräfte regen sich und welche Vollmacht muß heute erbeten werden? Welche Gemeinschaftsformen sind in welchem Land nötig und möglich und welche Formen zerstören geistliches Leben? Was tun wir angesichts des Hungers und welche Konsequenzen müssen für uns in Ost und West gezogen werden? Was werden wir sagen, glauben, denken und tun müssen angesichts der Schäden, die wir mit der Ausbeutung des Planeten Erde angerichtet haben?

Überall werden wir als Gemeinde Jesu herausgefordert, um das Evangelium so zu verkündigen, daß Menschen zum Glauben kommen und damit lebensfähige Gemeinden aufgebaut werden können.

Paulus mußte zu seiner Zeit seine Aufgaben lösen, und er hat sie gelöst und den Grund mitgelegt, auf dem die Christenheit erbaut wurde. Wir haben in unserer Zeit den Auftrag, ebenfalls das Evangelium so zu verkündigen, daß heute das Heil empfangen und daß lebendige Kirche gelebt werden kann.

Der Römerbrief kann uns die Aufgabe der Umsetzung nicht abnehmen, aber er kann uns die Grunderkenntnisse des Geheimnisses Jesu bezeugen und uns in das Leben des Glaubens einführen, damit wir, durch diese Erkenntnis gestärkt und durch den Glauben gewiß gemacht, unserer Zeit mit ihren Menschen begegnen und der Kirche in der Gegenwart dienen.

Wir haben darauf zu achten, daß wir in der Gemeinde immer zuerst den Weg über die Schrift gehen, bevor wir uns den Nöten der Welt zuwenden. Wer sich der Welt zuwendet, ohne in der Erkenntnis der Wahrheit zugerüstet zu sein, der wird sich im Dschungel der Probleme verirren und müde werden, bevor der Abend kommt. Wo wir aber von der Erkenntnis der Wahrheit erreicht, erfüllt und getragen werden, da empfangen wir auch die Kraft für unsere Aufgaben.

Es wird von entscheidender Bedeutung sein, ob unsere Gemeinden und ihre Mitarbeiter von früh an den Weg der Schrift gehen, ob sie hier das »Schwarzbrot« biblischer Erkenntnis empfangen, oder ob ihnen nur der süßliche Brei einer Allerweltsfrömmigkeit angeboten wird. Es wird die Frage an die Jugendarbeit zu stellen sein, ob man Jugendliche unterhält, in der wohlmeinenden Absicht, sie damit halten zu können, um dann zu erfahren, daß man so niemals Menschen in der Tiefe erreichen und gewinnen kann. Können wir bei aller gebotenen Jugendgemäßheit jungen Menschen eine klare Zuwendung des Herrn verkündigen, sie zum Glauben rufen und ihnen dann gesunde und durchtragende Christuserkenntnis vermitteln? Die gleiche Frage wird man an die Studentenarbeit stellen: Will man die junge Intelligenz mit allerlei Aktivitäten des politischen Lebens beschäftigen, oder will man mit ihnen die großen Fragen des geistigen Lebens im Licht der Offenbarung Jesu durchdenken und klären?!

Die große Sorge der Kirchenleitungen, was wohl aus der Volkskirche wird, muß mit der Erkenntnis beantwortet werden: Wir müssen wieder zurück zur Heiligen Schrift, zurück zu den Quellen. Nicht eine allgemeine Erbaulichkeit wird durchtragen, sondern die Erkenntnis der Wahrheit Christi. Muten wir unseren Gemeinden diese Wahrheit zu, dann verleihen wir ihr die Würde, die ihr als Leib Christi zusteht. Entziehen wir der Gemeinde aber die Wahrheitserkenntnis, dann haben wir vor unserem Herrn eine große Sünde begangen, denn die Gemeinde ist seine Gemeinde und nicht unsere. Die Gemeinde verlangt um Jesu willen seine Erkenntnisse und keine Beschäftigungen ohne Erkenntnis.

Mit der Erkenntnis der Grundwahrheiten der Heiligen Schrift ist immer der Ruf zum lebendigen Glauben verbunden und damit die Einladung zu einem verbindlichen Leben in und für die Gemeinde. Es ist die gewachsene Gemeinde, die dann auch die Vollmacht empfängt, der Welt zu dienen und sie für den Herrn zu gewinnen.

An vielen Orten und in vielen Gemeinden sind die Zeichen der Zeit erkannt: Eine alte Form von Christentum ist endgültig dahin, aber das Evangelium blüht auf in seiner schönsten Klarheit, wo man sich um die Gestalt und das Geheimnis Jesu sammelt, wo man nach ihm schaut, auf ihn hört und sich ihm zu Füßen setzt, wie Maria es tat (Lk. 10,38–42).

Wir werden eine neue Leidenschaft erbeten und entwickeln, um auf Sein Wort zu hören, Seine Erkenntnis zu bekommen und die Klugheit und den Mut zu gewinnen, um in diese Welt zu gehen, zu predigen und »zu suchen und selig zu machen, was verloren ist« (Lk. 19,10). Dazu möchte diese Römerbriefeinführung dienen.

Die Gemeinde geht an der Hand des Herrn. Sie wird von ihm geführt, gedemütigt, begabt, gesegnet und einmal in Ewigkeit vollendet. Stets heißt es für sie: Bis hierher und noch weiter! So wird in der Gemeinde stets der Geist Gottes Menschen Mut machen, um zu hören, zu glauben und zu dienen, bis »wir ihn sehen werden, wie er ist« (1. Joh. 3,2). Die Kirche Jesu wird in Zeit und Ewigkeit dankend und lobend bekennen:

> »Nichts kann uns scheiden
> von der Liebe Gottes.«